von null zum helden

Ihr Weg zum Datenwissenschaftler

william webb

contents

1 /

einführung: die welt der datenwissenschaft

definition der datenwissenschaft

HABEN SIE SICH JEMALS GEFRAGT, warum Ihr Lieblings-Online-Händler Ihre Einkaufsgewohnheiten besser zu kennen scheint als Sie selbst? Oder warum Ihre Musik-Streaming-App immer genau die Lieder vorschlägt, die perfekt zu Ihrer Stimmung passen? Der unsichtbare Puppenspieler, der diese scheinbar magischen Ereignisse orchestriert, ist niemand anderes als die Datenwissenschaft.

Data Science ist in seiner einfachsten Form ein multidisziplinärer Bereich, der wissenschaftliche Methoden, Prozesse, Algorithmen und Systeme einsetzt, um Wissen und Erkenntnisse aus strukturierten und unstrukturierten Daten zu gewinnen. Es ist das Geheimrezept, das Unternehmen, Regierungen und Organisationen verwenden, um die riesigen Datenmengen, die in unserer digitalen Welt erzeugt werden, sinnvoll zu nutzen.

Lassen Sie uns den Begriff weiter aufschlüsseln. Der Begriff "Datenwissenschaft" setzt sich aus zwei verschiedenen Wörtern zusammen: "Daten" und "Wissenschaft". Daten beziehen sich auf Fakten und Statistiken, die zu Referenz- oder Analysezwecken gesammelt werden, während sich Wissenschaft auf die systematische Untersuchung der Struktur und des Verhaltens der physischen und natürlichen Welt durch Beobachtung und Experiment bezieht. Kombiniert man diese beiden

Begriffe, erhält man einen Bereich, der sich mit der systematischen Analyse, Interpretation und dem Verständnis von Daten befasst.

Es ist ziemlich einfach, sich die Datenwissenschaft als einen schicken Begriff für Statistik vorzustellen. Geht es dabei nicht um die Analyse von Daten? Ja, aber das kratzt nur an der Oberfläche. Statistiken bilden zwar das Rückgrat der Datenwissenschaft, aber das Feld ist viel vielfältiger und komplexer.

Die Datenwissenschaft umfasst eine Vielzahl von Fähigkeiten und Disziplinen, einschließlich, aber nicht beschränkt auf Mathematik, Statistik, Informatik, Datenvisualisierung, maschinelles Lernen und domänenspezifisches Wissen. Vereinfacht gesagt, geht es bei der Datenwissenschaft nicht nur um die Analyse von Daten - es geht darum, sie zu verstehen, wertvolle Erkenntnisse aus ihnen zu gewinnen und diese Erkenntnisse zu nutzen, um fundierte Entscheidungen oder Vorhersagen zu treffen.

Stellen Sie sich vor, Sie sind der Kapitän eines Schiffes, das in unbekannten Gewässern unterwegs ist. Die Rohdaten sind der endlose Ozean um Sie herum, der nur schwer in seiner Gesamtheit zu erfassen ist. Als Datenwissenschaftler ist es Ihre Aufgabe, die Meeresströmungen zu interpretieren, die Wettermuster zu entschlüsseln, die Gezeiten vorherzusagen und Ihr Schiff zum Ziel zu navigieren. Diese Reise erfordert nicht nur statistische Werkzeuge, sondern auch Programmierkenntnisse, visuelle Hilfsmittel und Fachwissen.

Datenwissenschaft ist ein iterativer Prozess. Er beginnt mit der Definition einer Frage oder eines Problems, dem Sammeln und Bereinigen der Daten, dem Erforschen und Analysieren der Daten, dem Modellieren und Interpretieren der Ergebnisse und schließlich dem verständlichen Kommunizieren der Ergebnisse. Jede dieser Phasen ist ein entscheidender Teil des Data-Science-Lebenszyklus und erfordert eine Reihe von speziellen Fähigkeiten und Tools.

Außerdem ist die Datenwissenschaft nicht auf eine bestimmte Branche oder einen bestimmten Bereich beschränkt. Ob im Finanzwesen, im Gesundheitswesen, im Einzelhandel oder sogar im Sport - die Datenwissenschaft spielt eine wichtige Rolle. Sie treibt Empfehlungsmaschinen auf E-Commerce-Websites an, hilft bei der Vorhersage von Krankheitsausbrüchen im Gesundheitswesen, optimiert die Logistik in der Fertigung und hilft sogar bei der Spielerauswahl im Sport.

Im Zeitalter von Big Data ist die Fähigkeit, wertvolle Erkenntnisse aus Daten zu gewinnen, ein mächtiges Werkzeug. Wir erzeugen jeden Tag eine astronomische Menge an Daten. Wenn diese Daten richtig genutzt werden, können sie unschätzbare Erkenntnisse liefern und Unternehmen dabei helfen, ihre Produkte zu verbessern, Regierungen ihre Dienstleistungen zu optimieren und Einzelpersonen bessere Entscheidungen zu treffen. Dieses transformative Potenzial macht die Datenwissenschaft zu einem spannenden und schnell wachsenden Bereich.

Data Science wird oft als der "attraktivste Job des 21. Jahrhunderts" bezeichnet, und das aus gutem Grund. Jahrhunderts" bezeichnet, und das aus gutem Grund. Er verspricht eine faszinierende Arbeit, attraktive Gehälter und die Chance, wirklich etwas zu bewirken. Aber es geht nicht nur um den Glamour. Es geht um Neugierde, Kreativität und die Leidenschaft für Problemlösungen.

Unsere Reise in die Welt der Datenwissenschaft steht also erst am Anfang. Es gibt noch viel mehr zu erforschen, zu lernen und zu verstehen. Während wir tiefer in das Feld eintauchen, haben Sie die Möglichkeit, sich mit den Tools, Techniken und Praktiken vertraut zu machen, die Datenwissenschaftler täglich nutzen.

Vor uns liegt eine aufregende Reise voller Entdeckungen und Erkenntnisse. Halten Sie sich gut fest, denn diese Reise verspricht, genau wie das Gebiet der Datenwissenschaft selbst, eine bemerkenswerte zu werden. Denken Sie daran: Jede Frage, die Sie beantworten, führt zu neuen Fragen, jedes Problem, das Sie lösen, bringt neue Herausforderungen mit sich - und das ist das wirklich Schöne an der Datenwissenschaft.

bedeutung und auswirkungen der datenwissenschaft

Einfach ausgedrückt ist die Datenwissenschaft wie ein moderner Kompass, der uns durch das riesige Meer von Informationen führt, das uns zur Verfügung steht. Heutzutage hinterlässt jeder Klick, jedes

Wischen, jeder "Like" und jedes Teilen einen digitalen Fußabdruck, der zusammen eine astronomische Datenmenge ergibt. Die Datenwissenschaft ermöglicht es uns, dieses Datenmeer anzuzapfen, um nützliche Erkenntnisse zu gewinnen, die Einzelpersonen, Organisationen und Regierungen helfen können, fundierte Entscheidungen zu treffen.

Die Bedeutung der Datenwissenschaft ergibt sich aus ihrer einzigartigen Fähigkeit, in diesen Daten verborgene Muster und Korrelationen zu entdecken. Auf diese Weise können wir künftige Trends, Verhaltensweisen und Ergebnisse mit zunehmender Genauigkeit vorhersagen. Diese Vorhersagekraft birgt ein immenses Potenzial und ist einer der Gründe, warum die Datenwissenschaft in der heutigen Welt eine solch transformative Kraft darstellt.

Lassen Sie uns dies anhand einiger Beispiele aus der Praxis verdeutlichen. Stellen Sie sich vor, Sie stöbern auf Ihrer bevorzugten Online-Shopping-Plattform. Beim Blättern stellen Sie fest, dass die Empfehlungen auf unheimliche Weise mit Ihren Interessen übereinstimmen. Das ist keine Zauberei, sondern die Macht der Datenwissenschaft. Einzelhandelsriesen nutzen die Datenwissenschaft, um Ihr Surf- und Kaufverhalten sowie das von Millionen anderer Nutzer zu analysieren, um personalisierte Empfehlungen zu geben, die den Umsatz und die Kundenzufriedenheit steigern.

Oder denken Sie an das Gesundheitswesen, eine Branche, in der die Datenwissenschaft unverzichtbar geworden ist. Sie hilft bei der Vorhersage von Krankheitsausbrüchen, der Personalisierung medizinischer Behandlungen, der Optimierung von Krankenhausabläufen und sogar bei der Entschlüsselung des menschlichen Genoms. Im Grunde genommen hat die Datenwissenschaft das Potenzial, das Gesundheitswesen zu revolutionieren und es von einem Einheitsansatz in eine personalisierte und präventive Versorgung zu verwandeln.

Die Datenwissenschaft spielt auch bei sozialen Medienplattformen eine zentrale Rolle. Sie treibt die Algorithmen an, die entscheiden, welche Beiträge in Ihrem Feed erscheinen, analysiert Trends, um zu verstehen, was beliebt ist, und identifiziert sogar Fake News oder schädliche Inhalte. Sie kann auch genutzt werden, um soziales Verhalten und Trends in großem Maßstab zu untersuchen und so Erkenntnisse zu gewinnen, die zuvor unmöglich waren.

Und dies sind nur einige Beispiele dafür, wie die Datenwissenschaft unser Leben beeinflusst. Sie erstreckt sich auf praktisch jede Branche, die Sie sich vorstellen können - von der Optimierung der Lieferwege in der Logistik bis zur Vorhersage von Klimamustern in der Umweltwissenschaft und von der Leistungssteigerung im Sport bis zur Betrugsbekämpfung im Finanzwesen.

Aber nicht nur Branchen und Unternehmen profitieren von der Datenwissenschaft. Sie wirkt sich auch auf Regierungen und politische Entscheidungen aus. Datenwissenschaft kann Regierungen dabei helfen, öffentliche Dienste zu optimieren, fundierte politische Entscheidungen zu treffen und Krisen vorherzusagen und darauf zu reagieren. Während der COVID-19-Pandemie beispielsweise spielte die Datenwissenschaft eine entscheidende Rolle bei der Verfolgung der Ausbreitung des Virus, der Vorhersage des Krankenhausbedarfs und der Entscheidungsfindung im Bereich der öffentlichen Gesundheit.

Im Kern ist Data Science ein Werkzeug - ein leistungsstarkes Werkzeug, aber dennoch ein Werkzeug. Sie ist ein Mittel zum Zweck, und dieser Zweck besteht darin, bessere, fundiertere Entscheidungen zu treffen. Ganz gleich, ob ein Unternehmen entscheidet, welches Produkt auf den Markt gebracht werden soll, ein Arzt, welche Behandlung er durchführen soll, oder eine Regierung, die über die Zuteilung von Ressourcen entscheidet - die Datenwissenschaft kann dabei helfen, den richtigen Weg zu finden.

Doch mit großer Macht kommt auch große Verantwortung. Wenn wir uns die Macht der Datenwissenschaft zunutze machen, ist es entscheidend, sie ethisch und verantwortungsvoll zu nutzen. Wir müssen sicherstellen, dass der Datenschutz und die Datensicherheit gewahrt bleiben, dass Verzerrungen in Daten und Algorithmen erkannt und abgemildert werden und dass die Vorteile der Datenwissenschaft für alle zugänglich sind.

Während wir unsere Reise in den Bereich der Datenwissenschaft fortsetzen, ist es wichtig, sich das Ausmaß und die Tragweite der Auswirkungen vor Augen zu führen. Mit diesem Wissen können wir besser verstehen, warum die Fähigkeiten und Techniken, mit denen wir uns nun beschäftigen werden, so wichtig sind.

William Webb

karrieremöglichkeiten in der datenwissenschaft

Inzwischen haben wir gut verstanden, was Datenwissenschaft ist und warum sie wichtig ist. Jetzt wollen wir uns auf etwas Persönliches konzentrieren: auf Sie. Genauer gesagt, lassen Sie uns darüber sprechen, wie die Datenwissenschaft Ihre berufliche Laufbahn beeinflussen kann.

Das Aufkommen von Big Data hat zu einer explosionsartigen Zunahme von Positionen in der Datenwissenschaft geführt. Ganz gleich, ob Sie ein erfahrener Fachmann sind, der über einen Karriereschwenk nachdenkt, oder ein Neuling, der vor Neugierde und Lerneifer nur so strotzt - im Bereich der Datenwissenschaft gibt es einen Platz für Sie. Es ist ein Bereich voller Möglichkeiten für diejenigen, die über die Fähigkeiten und den Wunsch verfügen, Daten in aussagekräftige Erkenntnisse zu verwandeln.

Beginnen wir mit der bekanntesten Rolle: dem Data Scientist. Sie sind die Sherlock Holmes der Datenwelt und nutzen ihre vielfältigen Fähigkeiten in den Bereichen Programmierung, Statistik und Fachwissen, um Erkenntnisse aus Daten zu gewinnen. Sie formulieren Fragen, entwerfen und führen Experimente durch und interpretieren die Ergebnisse als Entscheidungsgrundlage. Entgegen der landläufigen Meinung ist der Beruf des Datenwissenschaftlers jedoch nicht der einzige Weg, um eine Karriere in diesem Bereich zu machen.

Betrachten Sie die Rolle des Datenanalysten. Sie spielen eine entscheidende Rolle im Lebenszyklus der Datenwissenschaft. Ihre Hauptaufgabe besteht darin, Daten zu sichten und Berichte und Visualisierungen zu erstellen, um zu erklären, welche Erkenntnisse sich in den Daten verbergen. Wenn es Ihnen Spaß macht, Muster zu erkennen und Geschichten mit Daten zu erzählen, könnte die Rolle eines Datenanalysten die perfekte sein.

Dann haben wir den Ingenieur für maschinelles Lernen. Sie entwerfen und bauen Systeme für maschinelles Lernen, führen Tests durch und implementieren Algorithmen für maschinelles Lernen. Diese Rolle erfordert oft ein tieferes Verständnis von Informatik und Programmierung. Wenn Sie von künstlicher Intelligenz fasziniert sind und davon, wie Maschinen aus Daten lernen können, könnte dies der richtige Karriereweg für Sie sein.

Ein Data Engineer hingegen kümmert sich um den Entwurf, die Konstruktion und die Wartung von großen Verarbeitungssystemen und Datenbanken. Sie sorgen dafür, dass die Daten sauber, zuverlässig und für Datenwissenschaftler und -analysten leicht verfügbar sind. Wenn Sie sich für die architektonische Seite der Datenverarbeitung interessieren, könnte Data Engineering für Sie besonders interessant sein.

Für diejenigen, die sich für die Überschneidung von Datenwissenschaft und Wirtschaft begeistern, gibt es eine etwas andere Rolle: den Datenstrategen. Diese Personen verstehen Daten aus der Unternehmensperspektive, und ihre Hauptaufgabe besteht darin, zu bestimmen, wie Daten strategisch genutzt werden können, um Unternehmensziele zu erreichen.

Die oben genannten Rollen sind nur die Spitze des Eisbergs. Der Bereich der Datenwissenschaft entwickelt sich weiter und führt zu einer Vielzahl spezialisierter Funktionen wie dem KI-Spezialisten, dem NLP-Wissenschaftler oder dem Business-Intelligence-Entwickler, die jeweils einzigartige Herausforderungen und Chancen bieten.

Sie sollten sich jedoch nicht zu schnell auf eine bestimmte Bezeichnung festlegen. Die Vielseitigkeit und der multidisziplinäre Charakter der Datenwissenschaft bedeuten, dass es viele Überschneidungen zwischen diesen Rollen gibt. Wenn Sie sich in der Datenwissenschaft weiterentwickeln, tragen Sie vielleicht mehrere Hüte oder wechseln zwischen verschiedenen Rollen, je nach Ihren Interessen und den Anforderungen Ihrer Projekte.

Denken Sie außerdem daran, dass die Datenwissenschaft nicht auf eine bestimmte Branche beschränkt ist. Von der Technologie- und Finanzbranche über das Gesundheitswesen und den Sport bis hin zu Kunst und Geisteswissenschaften sind datenwissenschaftliche Kenntnisse sehr gefragt. Die Welt liegt Ihnen zu Füßen, und Data Science kann der Kompass sein, der Ihre Karriere in spannende Richtungen lenkt.

Diese Vielfalt an Karrierewegen macht die Datenwissenschaft für viele so attraktiv. Es bietet die Möglichkeit, ständig zu lernen und sich weiterzuentwickeln, neue Herausforderungen anzunehmen und wirklich etwas zu bewirken. Aber denken Sie daran, dass eine lohnende Karriere in der Datenwissenschaft nicht von dem Titel abhängt, den Sie tragen, sondern von den Problemen, die Sie lösen, den Fragen, die Sie beantworten, und dem Wert, den Sie bringen.

Während wir uns auf diese nächste Etappe unserer Reise vorbereiten, sollten Sie bedenken, dass der Weg zur Beherrschung der Datenwissenschaft nicht immer einfach ist. Er erfordert Geduld, Ausdauer und eine große Portion Neugier. Aber keine Sorge, die Reise selbst verspricht ebenso lohnend zu werden wie das Ziel. Schließlich liegt das Wesen der Datenwissenschaft darin, das Unbekannte zu enträtseln, einen Datensatz nach dem anderen. Packen wir es an und machen wir uns bereit, auf der Datenwelle zu reiten!

2 /

mathematik für data science

überblick über die grundlagen der mathematik

AUF UNSEREM WEG durch die faszinierende Welt der Datenwissenschaft ist es an der Zeit, sich mit den grundlegenden Konzepten zu befassen, die einem Großteil der Arbeit in diesem Bereich zugrunde liegen. Ja, Sie haben es erraten - es ist an der Zeit, über Mathematik zu sprechen.

Bevor Ihnen das Wort "Mathematik" einen Schauer über den Rücken jagt oder Erinnerungen an den Algebraunterricht in der Schule wachruft, atmen Sie tief durch. Ja, Mathematik ist ein wichtiger Bestandteil der Datenwissenschaft, aber es geht nicht darum, gedankenlos Zahlen zu knacken oder abstrakte Gleichungen zu lösen. Es geht darum, Muster zu verstehen, Vorhersagen zu treffen und logische Überlegungen anzustellen, um fundierte Entscheidungen zu treffen - alles Dinge, die im Mittelpunkt der Datenwissenschaft stehen.

Der erste Punkt auf unserer Liste ist die Statistik, ein Zweig der Mathematik, der sozusagen das Herzstück der Datenwissenschaft ist. Statistik liefert die Werkzeuge zum Sammeln, Analysieren, Interpretieren, Präsentieren und Organisieren von Daten. Als Datenwissenschaftler werden Sie auf Konzepte wie Mittelwert, Median, Modus, Varianz, Standardabweichung, Korrelation, Regression und Hypothesentests stoßen. Die Kenntnis dieser statistischen Maße wird Ihnen helfen, Ihre Daten besser zu verstehen, Erkenntnisse zu gewinnen und Vorhersagen zu treffen.

Als Nächstes kommt die Wahrscheinlichkeitsrechnung. Während die Statistik uns hilft, vergangene Daten zu analysieren und zu verstehen, hilft uns die Wahrscheinlichkeit, vorauszusagen, was in der Zukunft passieren könnte. Es ist die Mathematik der Ungewissheit, die es uns ermöglicht, zufällige Ereignisse und Phänomene zu verstehen. Wahrscheinlichkeitstheorien wie das Bayes'sche Theorem bilden oft die Grundlage für Algorithmen des maschinellen Lernens und sind daher ein wichtiger Bestandteil Ihres Data-Science-Toolkits.

Lineare Algebra ist ein weiterer wichtiger Zweig der Mathematik für Datenwissenschaftler. Auch wenn es einschüchternd klingen mag, handelt es sich dabei einfach um das Studium von Vektoren und bestimmten Regeln zu deren Manipulation. In der Datenwissenschaft haben wir es oft mit hochdimensionalen Daten zu tun - man denke nur an eine Tabellenkalkulation mit Hunderten von Spalten. Jeder dieser Datenpunkte kann als ein Vektor in einem hochdimensionalen Raum betrachtet werden. Die lineare Algebra hilft uns, diese hochdimensionalen Räume zu manipulieren und zu verstehen.

Zum Schluss noch ein Wort zu Calculus. Dieser Zweig der Mathematik befasst sich mit Veränderungsraten und Mengen, die sich akkumulieren. Er ist entscheidend für die Optimierung von Algorithmen für maschinelles Lernen und das Verständnis ihrer Funktionsweise. Als Datenwissenschaftler werden Sie zwar nicht täglich komplizierte Rechenaufgaben lösen, aber ein grundlegendes Verständnis von Konzepten wie Ableitungen und Integralen kann von Vorteil sein.

. . .

Bevor wir fortfahren, ist es wichtig zu wissen, dass man kein Mathematiker sein muss, um Datenwissenschaftler zu werden. Wenn Sie diese mathematischen Grundlagen jedoch gut beherrschen, wird Ihre Reise in die Datenwissenschaft reibungsloser und lohnender sein. Es geht nicht darum, Formeln oder Techniken auswendig zu lernen, sondern darum, die zugrunde liegende Logik und Argumentation zu verstehen.

In den kommenden Abschnitten werden wir uns mit diesen mathematischen Konzepten beschäftigen, sie entmystifizieren und zeigen, wie sie in der Welt der Datenwissenschaft angewendet werden. Denken Sie daran: Das Ziel ist nicht, Sie einzuschüchtern, sondern Ihnen die Werkzeuge an die Hand zu geben, mit denen Sie sich sicher in der Datenlandschaft bewegen können.

lineare algebra

Lineare Algebra mag auf den ersten Blick einschüchternd wirken. Dennoch ist sie ein unglaublich wichtiger Bereich der Mathematik, der es uns ermöglicht, multidimensionale Daten effizient zu verarbeiten. Keine Angst, wir enträtseln ihre Geheimnisse gemeinsam, ein Vektor nach dem anderen.

Beginnen wir mit den Grundlagen: Vektoren und Matrizen. Vereinfacht ausgedrückt ist ein Vektor eine Liste von Zahlen und eine Matrix ein Gitter von Zahlen. Die Zahlen in einem Vektor oder einer Matrix können alles Mögliche darstellen: die Merkmale eines Kunden, Pixel in einem Bild, Umsätze im Zeitverlauf und so weiter. Wenn in der Datenwissenschaft von "multidimensionalen" Daten die Rede ist, sind damit oft Daten gemeint, die als Vektoren oder Matrizen dargestellt werden.

. . .

William Webb

Als nächstes folgen die Vektoroperationen, einschließlich der Vektoraddition und der Skalarmultiplikation. Dies sind grundlegende Operationen in der linearen Algebra, die es uns ermöglichen, Vektoren auf verschiedene Weise zu manipulieren und zu kombinieren. Wenn wir zum Beispiel Kunden als Vektoren darstellen, könnte die Vektoraddition eine Möglichkeit sein, einen "durchschnittlichen" Kunden zu finden.

Linearkombinationen und Spannen sind zwei weitere wichtige Konzepte. Eine Linearkombination ist eine Kombination von Vektoren mit bestimmten Gewichten oder Koeffizienten. Die "Spannweite" einer Reihe von Vektoren ist die Menge aller möglichen Linearkombinationen. In der Praxis hilft uns dies zu verstehen, wie sich verschiedene Datenpunkte zueinander verhalten und wie wir neue Datenpunkte erstellen oder vorhersagen können.

Eine weitere wichtige Operation in der linearen Algebra ist das Punktprodukt. Das Punktprodukt zweier Vektoren ist eine einzige Zahl, die uns etwas über die Ähnlichkeit der Vektoren verraten kann. Diese Operation bildet die Grundlage für viele Algorithmen des maschinellen Lernens, darunter Support Vector Machines und neuronale Netze.

Dann gibt es noch das Konzept der Matrix und Operationen wie Matrixmultiplikation, Transponierung und Invertierung. Matrizen können Transformationen von Daten darstellen. Das Drehen eines Bildes, die Verkleinerung der Dimensionen von Daten oder die Übersetzung eines Datensatzes werden zum Beispiel durch Matrixoperationen erreicht.

Ein besonders wichtiges Konzept sind Eigenvektoren und Eigenwerte. Diese ermöglichen es uns, das "Wesen" einer Matrixtransformation zu verstehen. Sie sind für viele fortgeschrittene datenwissenschaftliche Techniken von entscheidender Bedeutung, einschließlich der Hauptkomponentenanalyse (PCA), die zur Dimensionalitätsreduktion verwendet wird.

Wenn sich das alles ein wenig abstrakt anhört, dann ist es das auch! Aber keine Angst, denn in den nächsten Abschnitten werden wir jedes dieser Konzepte anhand von praktischen Beispielen und Anwendungen in der Datenwissenschaft näher erläutern.

Es ist wichtig zu verstehen, dass die Stärke der linearen Algebra in ihrer Fähigkeit liegt, Daten effizient darzustellen und zu bearbeiten, insbesondere hochdimensionale Daten. Sie bildet das Rückgrat vieler Data-Science-Operationen und Algorithmen für maschinelles Lernen. Zwar hängt die Tiefe Ihrer erforderlichen Kenntnisse von Ihrer spezifischen Rolle und Ihren Aufgaben in der Datenwissenschaft ab, aber eine solide Grundlage in linearer Algebra wird Sie zweifellos in die Lage versetzen, datenwissenschaftliche Lösungen besser zu verstehen und umzusetzen.

Während wir tiefer in das mathematische Wunderland eintauchen, das der Datenwissenschaft zugrunde liegt, sollten wir nicht vergessen, dass es nicht unser Ziel ist, professionelle Mathematiker zu werden. Vielmehr geht es darum, die wichtigsten Ideen und Tools zu verstehen, die uns helfen können, Daten zu verarbeiten, zu analysieren und Erkenntnisse aus ihnen zu gewinnen.

Die lineare Algebra mit ihren Vektoren, Matrizen und komplizierten Operationen ist nicht nur ein Gebiet der abstrakten Mathematik. Sie ist eine Sprache, die es uns ermöglicht, mit Daten zu kommunizieren, ihre Feinheiten zu verstehen und ihre Geheimnisse zu entschlüsseln.

William Webb

wahrscheinlichkeitsrechnung und statistik

Wir haben uns durch verschiedene Gebiete in dieser faszinierenden Landschaft gewagt, und nun stehen wir an der Schwelle zu zwei weiteren grundlegenden Bereichen - Wahrscheinlichkeit und Statistik. Lassen Sie uns ihre Geheimnisse lüften und ihre unverzichtbare Rolle in der Datenwissenschaft entdecken.

Betrachten wir zunächst die Wahrscheinlichkeit. Im Kern geht es bei der Wahrscheinlichkeit um die Quantifizierung der Ungewissheit im Zusammenhang mit Ereignissen, die aus einem bestimmten Universum von Ereignissen ausgewählt werden. Es ist die Mathematik des Zufalls und der Zufälligkeit. Wahrscheinlich sind Sie im Alltag schon einmal damit in Berührung gekommen, vielleicht sogar ohne es zu wissen. Haben Sie jemals die Wettervorhersage geprüft, um zu entscheiden, ob Sie einen Regenschirm brauchen? Oder haben Sie versucht, die beste Strategie zu finden, um ein Spiel zu gewinnen? Das ist Wahrscheinlichkeit in Aktion!

In der Datenwissenschaft kann das Verständnis der Wahrscheinlichkeit uns helfen, Vorhersagen zu treffen, komplexe Systeme zu modellieren und sogar unser Vertrauen in bestimmte Ergebnisse zu quantifizieren. Wenn man zum Beispiel ein Modell erstellt, um vorherzusagen, ob eine E-Mail Spam ist oder nicht, kann man mit Hilfe der Wahrscheinlichkeit quantifizieren, wie sicher man sich seiner Vorhersage ist. Konzepte wie Zufallsvariablen, Wahrscheinlichkeitsverteilungen und das Bayes'sche Theorem sind Schlüsselelemente in diesem Bereich, und wir werden jedes dieser Konzepte auf unserer Reise eingehend untersuchen.

Der nächste Punkt auf unserem Rundgang ist das Reich der Statistik. Während uns die Wahrscheinlichkeitsrechnung die Möglichkeit gibt, die Zukunft auf der Grundlage unserer aktuellen Daten vorherzusagen, können wir mit Hilfe der Statistik vergangene Daten betrachten und Rückschlüsse auf die Welt im Allgemeinen ziehen. Im Wesentlichen geht es bei der Statistik darum, Muster in Daten zu finden und angesichts von Unsicherheiten Entscheidungen zu treffen.

Als Datenwissenschaftler werden Sie häufig in Situationen geraten, in denen Sie Entscheidungen auf der Grundlage unvollständiger Daten treffen müssen. Hier kommt die Statistik ins Spiel. Sie gibt Ihnen Methoden an die Hand, um Ihre Hypothese zu testen, die Beziehung zwischen verschiedenen Variablen zu verstehen und Schlussfolgerungen aus Datenstichproben auf größere Populationen zu ziehen.

Im Mittelpunkt der Statistik steht das Konzept eines statistischen Modells - eine mathematische Darstellung von Daten. Modelle können von einer einfachen linearen Regression, die eine Reaktion auf der Grundlage eines einzigen Prädiktors vorhersagt, bis hin zu komplexen Deep-Learning-Modellen reichen, die große, komplexe Datensätze verarbeiten können.

Ein Schlüsselkonzept in der Statistik ist der Unterschied zwischen deskriptiver und inferentieller Statistik. Die deskriptive Statistik fasst die Merkmale eines Datensatzes zusammen und organisiert sie, ein notwendiger erster Schritt zum Verständnis neuer Daten. Die Inferenzstatistik hingegen ermöglicht es uns, auf der Grundlage einer Stichprobe Aussagen oder Schlussfolgerungen über die Daten zu treffen.

Keine statistische Analyse ist vollständig ohne eine Diskussion über Signifikanz und p-Werte. Mithilfe dieser Konzepte können wir feststellen, ob die Ergebnisse, die wir in unseren Stichprobendaten sehen, auf Zufall beruhen oder ob sie einen signifikanten Trend darstellen. Wir werden uns mit diesen Konzepten näher befassen, um sicherzustellen, dass Sie ein solides Verständnis für Ihre Datenanalyse haben.

· · ·

William Webb

Sowohl die Wahrscheinlichkeitsrechnung als auch die Statistik mit ihren jeweils eigenen Merkmalen dienen Datenwissenschaftlern als leistungsstarke Werkzeuge. Sie bieten den Rahmen für die Interpretation, das Verständnis und die Vorhersage von Daten. Ganz gleich, ob Sie eine neue Funktion für Ihre Website testen, Vorhersagen über das Kundenverhalten treffen oder die Ergebnisse eines maschinellen Lernmodells interpretieren, Sie werden auf die Prinzipien beider Disziplinen zurückgreifen.

kalkulation

Wir haben uns in die Bereiche der linearen Algebra, der Wahrscheinlichkeitsrechnung und der Statistik vorgewagt. Jetzt ist es an der Zeit, sich auf eine neue Reise in einen entscheidenden und faszinierenden Bereich der Mathematik zu begeben: Kalkül.

Kalkül mag Erinnerungen an den Matheunterricht in der Schule wecken, mit komplexen Gleichungen und komplizierten Graphen. In der Welt der Datenwissenschaft geht es jedoch weniger um das Lösen komplexer Gleichungen, sondern vielmehr um das Verständnis von Veränderungen, Trends und der Natur von Funktionen - den grundlegenden Prinzipien, die viele datenwissenschaftliche Algorithmen und Modelle antreiben.

Vereinfacht ausgedrückt, ist die Infinitesimalrechnung die Lehre von der Veränderung der Dinge. Es ist die Sprache der Bewegung, des Wachstums und der Veränderung. Und was ist dynamischer und veränderlicher als die sich ständig weiterentwickelnden Datenströme, mit denen wir in der Datenwissenschaft arbeiten?

Die erste große Idee in der Infinitesimalrechnung ist das Konzept der Ableitung. Wenn Sie eine Funktion haben, die beschreibt, wie sich etwas verändert - z. B. wie sich die Gewinne eines Unternehmens im Laufe der Zeit verändern -, gibt die Ableitung dieser Funktion die Änderungsrate an jedem beliebigen Punkt an. Mit anderen Worten, sie ist ein Maß dafür, wie sich eine Funktion neigt oder krümmt. Beim maschinellen Lernen ist dieses Konzept entscheidend für Optimierungsalgorithmen wie den Gradientenabstieg, bei dem wir iterativ Modellparameter anpassen, um eine Kostenfunktion zu minimieren.

Die zweite Schlüsselidee in der Infinitesimalrechnung ist das Integral. Während eine Ableitung die Änderungsrate misst, misst das Integral im Gegensatz dazu die Gesamtakkumulation der Menge über ein bestimmtes Intervall. Denken Sie an den Gesamtumsatz in einem bestimmten Zeitraum, die gesamte zurückgelegte Strecke oder die Gesamtzahl der Website-Klicks. In der Datenwissenschaft kommt die Integration häufig zum Einsatz, wenn wir mit Wahrscheinlichkeiten arbeiten, und hilft uns, die Gesamtwahrscheinlichkeit bestimmter Ergebnisse zu berechnen.

Um diese Konzepte gründlich zu verstehen, müssen wir uns mit Grenzwerten beschäftigen. Mit dem Begriff des Grenzwerts können wir den Begriff der "winzigen Änderung" formalisieren, der sowohl Ableitungen als auch Integralen zugrunde liegt. Es ist die Vorstellung, dass man sich einem bestimmten Wert "infinitesimal nähert". Das mag zwar abstrakt klingen, ist aber eine wichtige Grundlage für viele Berechnungen in der Infinitesimalrechnung.

Warum ist das alles für die Datenwissenschaft von Bedeutung? Beim maschinellen Lernen geht es oft darum, ein bestimmtes Ziel zu optimieren - zum Beispiel die besten Parameter zu finden, die den Vorhersagefehler minimieren. Die Kalkulation, insbesondere das Konzept der Ableitung, bietet eine Möglichkeit, dies effizient zu tun. Ohne Kalkül wäre die Optimierung eines Modells für maschinelles Lernen ein viel schwierigerer und rechenintensiverer Prozess.

· · ·

Die Infinitesimalrechnung gibt uns auch die Möglichkeit, Modelle des maschinellen Lernens zu verstehen und zu interpretieren. Wenn wir die Form der Kostenfunktion und ihre Veränderungen verstehen, können wir Einblicke in den Lernprozess unseres Modells gewinnen, Probleme diagnostizieren und sogar seine Leistung verbessern.

Auch wenn die Infinitesimalrechnung anfangs einschüchternd wirken mag, sollten Sie bedenken, dass es nicht unser Ziel ist, Mathematikexperten zu werden. Es geht darum, die grundlegenden Ideen zu verstehen und wie sie auf die Datenwissenschaft anwendbar sind. Dieses Verständnis wird es uns ermöglichen, vorhandene Tools und Software effektiver zu nutzen, Probleme zu diagnostizieren und zu lösen und sogar unsere Ergebnisse klarer zu kommunizieren.

3 /

einführung in die programmierung

die grundlagen der programmierung verstehen

WIR HABEN uns durch die mathematischen Landschaften der linearen Algebra, Wahrscheinlichkeitsrechnung, Statistik und Kalkulation bewegt und damit eine solide Grundlage für unsere Reise in die Datenwissenschaft geschaffen. Jetzt ist es an der Zeit, eine weitere wichtige Komponente des Werkzeugkastens eines Datenwissenschaftlers einzuführen: Die Programmierung.

Machen Sie sich keine Sorgen, wenn Sie noch nie eine Zeile Code geschrieben haben oder wenn Ihnen der Gedanke ans Programmieren abschreckend erscheint. Wir beginnen mit den Grundlagen und bauen Ihre Fähigkeiten Schritt für Schritt auf. Ziel ist es nicht, aus Ihnen einen vollwertigen Softwareentwickler zu machen, sondern Sie mit den Programmierkenntnissen auszustatten, die Sie benötigen, um Daten effektiv zu verarbeiten, Analysen durchzuführen und Modelle zu entwickeln.

Beginnen wir mit der Beantwortung einer grundlegenden Frage: Was ist Programmieren? Programmieren ist im Kern eine Methode, einen Computer anzuweisen, bestimmte Aufgaben auszuführen. Diese Anweisungen werden in einer Sprache geschrieben, die der Computer verstehen kann - daher der Begriff "Programmiersprache". Die Kunst des Programmierens besteht darin, diese Anweisungen zu entwerfen, zu schreiben, zu testen, zu debuggen und zu pflegen, um das gewünschte Ergebnis zu erzielen.

Ein wesentlicher Aspekt der Programmierung ist das Verständnis von Algorithmen. Ein Algorithmus ist ein schrittweiser Prozess zur Lösung eines bestimmten Problems. Betrachten Sie ihn als ein Rezept, um vom Problem zur Lösung zu gelangen. Algorithmen bilden das Rückgrat eines jeden Programms und spielen eine entscheidende Rolle in der Datenwissenschaft. Sie sind das Herzstück von allem, vom Sortieren von Daten bis zur Implementierung von Modellen für maschinelles Lernen.

Kontrollstrukturen, wie Schleifen und bedingte Anweisungen, sind ein weiteres grundlegendes Programmierkonzept. Schleifen ermöglichen es uns, eine Aufgabe mehrfach auszuführen, was besonders bei der Arbeit mit großen Datensätzen nützlich sein kann. Bedingte Anweisungen hingegen ermöglichen es unserem Programm, Entscheidungen auf der Grundlage bestimmter Kriterien zu treffen. Ein maschinelles Lernmodell könnte beispielsweise anhand bestimmter Merkmale vorhersagen, ob es sich bei einer E-Mail um Spam handelt oder nicht.

Als Nächstes folgt das Verständnis von Funktionen. Funktionen sind Codeblöcke, die eine bestimmte Aufgabe erfüllen und im gesamten Programm wiederverwendet werden können. Funktionen in der Programmierung sind in gewisser Weise mit Funktionen in der Mathematik vergleichbar. So wie eine mathematische Funktion eine Eingabe annimmt, eine Operation durchführt und eine Ausgabe zurückgibt, funktioniert eine Programmierfunktion auf ähnliche Weise.

Ein wichtiger Aspekt der modernen Programmierung, insbesondere in der Datenwissenschaft, ist die Verwendung von Bibliotheken oder Paketen. Dabei handelt es sich um Sammlungen von vorgefertigtem Code, den wir zur Ausführung gängiger Aufgaben verwenden können, ohne alles von Grund auf neu programmieren zu müssen. Python, eine beliebte Sprache in der Datenwissenschaft, verfügt über ein reichhaltiges Ökosystem von Bibliotheken wie NumPy für numerische Berechnungen, Pandas für die Datenmanipulation, Matplotlib für die Datenvisualisierung und Scikit-learn für maschinelles Lernen.

Ein weiteres wichtiges Konzept ist das Verständnis von Datenstrukturen. Datenstrukturen sind spezifische Möglichkeiten, Daten in einem Computer zu organisieren und zu speichern, so dass sie effizient genutzt werden können. Zu den grundlegenden Arten von Datenstrukturen gehören Arrays, Listen und Wörterbücher. Die Beherrschung dieser Strukturen hilft Ihnen, Daten effektiver zu bearbeiten, zu analysieren und zu visualisieren.

Lassen Sie uns nun innehalten und das große Ganze betrachten. Sie fragen sich vielleicht, warum die Programmierung in der Datenwissenschaft so wichtig ist? Die Antwort ist einfach: Sie liefert die Werkzeuge, um Rohdaten in aussagekräftige Erkenntnisse umzuwandeln. Mit der Programmierung können wir die Datenerfassung automatisieren, große Datensätze bereinigen und verarbeiten, komplexe mathematische Berechnungen durchführen, Trends und Muster visualisieren und Vorhersagemodelle erstellen.

Wenn wir uns tiefer in die Welt der Programmierung wagen, denken Sie daran, dass das Ziel darin besteht, zu lernen, wie Sie Ihre Ideen ausdrücken und Probleme auf eine Weise lösen können, die ein Computer versteht. Wir werden uns auf praktische Programmierfähigkeiten konzentrieren, die speziell auf datenwissenschaftliche Aufgaben zugeschnitten sind, und nicht versuchen, jeden Aspekt der Informatik abzudecken.

Programmieren lernen ist wie das Erlernen einer neuen Sprache. Anfangs mag es sich ungewohnt und herausfordernd anfühlen, aber mit etwas Übung wird man flüssiger und erkennt die leistungsstarken Möglichkeiten, die es eröffnet. Es ist ein unverzichtbares Werkzeug für jeden Datenwissenschaftler und ein Tor, um das volle Potenzial von Daten zu erschließen.

einführung in python: die bevorzugte sprache der datenwissenschaft

Python, benannt nicht nach der Schlange, sondern nach der britischen Komikertruppe Monty Python, ist eine interpretierte Hochsprachenprogrammierung, die für ihre Einfachheit und Lesbarkeit bekannt ist. Dank ihrer leichten Erlernbarkeit, der umfangreichen Bibliotheken und der unterstützenden Community ist sie zu einer der beliebtesten Sprachen für die Datenwissenschaft geworden.

Python wird manchmal auch als "ausführbarer Pseudocode" bezeichnet, was eine schicke Umschreibung dafür ist, dass die Sprache leicht zu lesen und zu schreiben ist. Die Syntax - d. h. die Regeln, die vorschreiben, wie Programme, die in einer Sprache geschrieben werden, aufgebaut sein müssen - ist sauber und einfach. Wenn Sie noch nie programmiert haben, ist Python ein fantastischer Einstieg.

Eine der größten Stärken von Python für die Datenwissenschaft ist das reichhaltige Ökosystem an Bibliotheken, die speziell für Datenanalyse, Visualisierung und maschinelles Lernen entwickelt wurden. Bei diesen Bibliotheken handelt es sich um Codesammlungen, die von anderen geschrieben wurden und die wir zur Ausführung gängiger Aufgaben verwenden können, wodurch wir uns die Zeit und den Aufwand sparen, diese Funktionen selbst zu schreiben.

Pandas zum Beispiel bietet Datenstrukturen und Funktionen, die für die Bearbeitung und Analyse strukturierter Daten benötigt werden. NumPy ist für numerische Berechnungen unverzichtbar und bietet Unterstützung für Arrays und eine Fülle mathematischer Funktionen. Matplotlib und Seaborn eignen sich hervorragend für die Datenvisualisierung, während Scikit-learn und TensorFlow Werkzeuge für maschinelles Lernen und künstliche Intelligenz bereitstellen.

Aber Python ist nicht nur für Anfänger oder diejenigen, die sich auf die Datenanalyse konzentrieren, geeignet. Es wird auch häufig in der Webentwicklung, der Softwareentwicklung, der künstlichen Intelligenz und vielen anderen Bereichen der Programmierung eingesetzt. Diese Vielseitigkeit bedeutet, dass das Erlernen von Python Sie nicht nur mit einem leistungsstarken Werkzeug für die Datenwissenschaft ausstattet, sondern auch die Türen zu vielen anderen Bereichen öffnet.

Bei unserer Erkundung von Python werden wir zunächst die Grundlagen beherrschen. Dazu gehört das Verständnis von Datentypen wie Integer, Floats, Strings und Booleans und wie man mit ihnen arbeitet. Wir werden uns auch mit Datenstrukturen wie Listen, Wörterbüchern und Mengen beschäftigen.

Wir werden Kontrollstrukturen wie "if", "for" und "while" behandeln und lernen, wie man Funktionen definiert und verwendet. Wir werden erforschen, wie man mit Fehlern und Ausnahmen umgeht, ein wichtiger Aspekt beim Schreiben von robustem, zuverlässigem Code. Und natürlich werden wir praktische Übungen mit den leistungsstarken Python-Bibliotheken zur Datenanalyse und -visualisierung machen.

Im weiteren Verlauf werden wir auch auf einige bewährte Verfahren der Python-Programmierung eingehen. Dazu gehören das Schreiben von sauberem, lesbarem Code, das Kommentieren und Dokumentieren Ihrer Arbeit und die Verwendung von Versionskontrollsystemen wie Git, mit denen Sie Änderungen an Ihrem Code verfolgen, mit anderen zusammenarbeiten und Ihre Projekte effektiv verwalten können.

Denken Sie daran, dass der Schlüssel zur Beherrschung von Python, wie jede andere Fähigkeit, Übung ist. Haben Sie keine Angst, sich die Hände mit Code schmutzig zu machen. Experimentieren Sie, machen Sie Fehler, lernen Sie daraus, und machen Sie weiter. Und machen Sie sich keine Sorgen, wenn die Dinge anfangs keinen Sinn ergeben - Programmieren ist ein bisschen wie ein Puzzle, und manchmal dauert es eine Weile, bis die Teile an ihren Platz fallen.

Wenn wir uns auf unsere Python-Reise begeben, sollten wir nicht vergessen, dass wir nicht nur eine Programmiersprache lernen. Wir erhalten ein leistungsstarkes Werkzeug, um unsere Ideen auszudrücken, Probleme zu lösen und unsere Daten zum Leben zu erwecken. Mit Python in unserem Werkzeugkasten sind wir gut gerüstet, um die Herausforderungen und Chancen zu meistern, die auf unserer Reise durch die Datenwissenschaft vor uns liegen.

grundlagen von python für die datenwissenschaft: bibliotheken und tools

Bei der Fortsetzung unseres Abenteuers in der Welt der Datenwissenschaft werden wir uns näher mit der Programmiersprache Python befassen. Insbesondere werden wir einige der wichtigsten Bibliotheken und Tools erkunden, die Python zu einer so vielseitigen Wahl für die Datenwissenschaft machen.

Die Stärke von Python für Data Science liegt nicht nur in seiner Lesbarkeit und Einfachheit, sondern auch in seinem umfangreichen Ökosystem von Bibliotheken - vorgefertigte Codesammlungen, die allgemeine Aufgaben erfüllen. Wir können uns diese Bibliotheken als Toolkits vorstellen, die jeweils einen einzigartigen Satz von Werkzeugen enthalten, die zur Lösung einer bestimmten Problemstellung entwickelt wurden. Das richtige Toolkit kann unsere Arbeit schneller, einfacher und effektiver machen.

Lassen Sie uns zunächst über Pandas sprechen. Pandas ist eine der beliebtesten Python-Bibliotheken für die Datenmanipulation und -analyse. Sie führt zwei leistungsstarke Datenstrukturen ein: den Data-Frame und die Series. Ein DataFrame ist eine zweidimensionale, beschriftete Datenstruktur, ähnlich einer Tabelle in einer relationalen Datenbank, einer Excel-Tabelle oder einem Datenrahmen in R. Eine Series hingegen ist ein eindimensionales, beschriftetes Array, das jeden Datentyp aufnehmen kann. Mit Pandas können wir Aufgaben wie den Umgang mit fehlenden Daten, das Zusammenführen und Umgestalten von Datensätzen und die Anwendung mathematischer Operationen auf ganze Datenspalten durchführen.

Als Nächstes ist NumPy dran, kurz für "Numerical Python". NumPy ist eine Bibliothek, die für wissenschaftliche Berechnungen entwickelt wurde. Sie bietet ein leistungsstarkes multidimensionales Array-Objekt und Werkzeuge für die Arbeit mit diesen Arrays. Sie ist besonders nützlich für mathematische Aufgaben wie die Erzeugung von Zufallszahlen, die Durchführung statistischer Operationen und die Anwendung mathematischer Funktionen auf Arrays.

Für die Datenvisualisierung stehen uns Matplotlib und Seaborn zur Verfügung. Matplotlib ist eine leistungsstarke Bibliothek zur Erstellung statischer, interaktiver und animierter Visualisierungen in Python. Seaborn, das auf Matplotlib aufbaut, bietet eine High-Level-Schnittstelle für die Erstellung attraktiver statistischer Grafiken. Mit diesen Tools können wir unsere Daten in aussagekräftige visuelle Erzählungen umwandeln, die uns und anderen helfen, die Muster und Beziehungen in den Daten zu verstehen.

Für maschinelles Lernen gibt es Scikit-learn. Scikit-learn ist eine Open-Source-Bibliothek, die einfache und effiziente Werkzeuge für die prädiktive Datenanalyse bietet. Sie baut auf NumPy, SciPy und Matplotlib auf und bietet Werkzeuge für Aufgaben wie Regression, Klassifizierung, Clustering und Dimensionalitätsreduktion.

TensorFlow, eine weitere Bibliothek für maschinelles Lernen, ist etwas fortgeschrittener. TensorFlow wurde von Google Brain entwickelt und ist eine Open-Source-Bibliothek für numerische Berechnungen und maschinelles Lernen in großem Maßstab. Sie verwendet Datenflussgraphen, bei denen die Knoten mathematische Operationen darstellen, während die Kanten die zwischen ihnen ausgetauschten Datenfelder (Tensoren) repräsentieren.

Neben den Bibliotheken bietet Python auch verschiedene Tools, die den Entwicklungsprozess vereinfachen. Jupyter Notebooks zum Beispiel sind eine webbasierte interaktive Berechnungsumgebung, in der Sie die Ausführung von Code, Rich-Text, Mathematik, Diagramme und Rich Media kombinieren können. Sie sind ein hervorragendes Werkzeug für die Datenbereinigung und -umwandlung, numerische Simulation, statistische Modellierung, Datenvisualisierung und maschinelles Lernen.

Nicht zu vergessen sind die IDEs, die integrierten Entwicklungsumgebungen. Dabei handelt es sich um Softwareanwendungen, die Computerprogrammierern umfassende Möglichkeiten zur Softwareentwicklung bieten. Zu den beliebten Python-IDEs gehören PyCharm und Spyder. Diese IDEs bieten Funktionen wie Code-Vorschläge, Debugging-Tools und Integrationen mit Versionskontrollsystemen wie Git.

Wir haben eine ganze Menge behandelt, aber das ist nur die Spitze des Eisbergs! Das Ökosystem von Python ist riesig und wird ständig weiterentwickelt, mit Bibliotheken und Tools für praktisch jeden Aspekt der Datenwissenschaft.

Wenn wir uns in den kommenden Abschnitten eingehender mit diesen Bibliotheken befassen, denken Sie daran, dass sie uns helfen sollen. Sie sind unsere Werkzeuge, die unser Leben als Datenwissenschaftler einfacher und produktiver machen sollen. Nehmen Sie sie an, lernen Sie, sie gut zu nutzen, und sie werden unschätzbare Verbündete auf unserer Reise durch die Datenwissenschaft sein.

4 /

datenanalyse und - visualisierung

verständnis der datenanalyse

SIE KENNEN sich jetzt gut mit Python, seinen Bibliotheken und Werkzeugen aus. Es ist an der Zeit, dass wir uns einem wesentlichen Teil unserer Reise nähern: der Datenanalyse.

Die Datenanalyse ist das Herzstück der Datenwissenschaft. Es ist der Prozess, bei dem wir Daten sinnvoll nutzen, Muster finden, Erkenntnisse ableiten und letztendlich Werte schaffen. Es ist wie das Lösen eines komplexen Puzzles, nur dass die Teile die Bits und Bytes der Daten sind, die wir sammeln, und das endgültige Bild die wertvollen Erkenntnisse, die wir suchen.

Die Datenanalyse lässt sich grob in zwei Arten einteilen: qualitativ und quantitativ. Bei der qualitativen Analyse werden die Eigenschaften der Daten, wie Themen oder Konzepte, bewertet. Dazu können Kategorien, Muster oder Trends gehören, die sich aus den Daten ergeben. Bei der quantitativen Analyse hingegen werden numerische Daten und statistische Verfahren verwendet, um die Mengen, Häufigkeiten und Muster der Daten zu verstehen.

In der Datenwissenschaft umfassen die Schritte, die wir bei der Datenanalyse normalerweise befolgen, die Datenbereinigung, die Datenexploration, die Datenvisualisierung und die Interpretation. Lassen Sie uns diese aufschlüsseln.

Der erste Schritt ist die Datenbereinigung, die manchmal auch als Data Munging oder Wrangling bezeichnet wird. In der realen Welt sind die Daten oft unordentlich, inkonsistent oder fehlen ganz. Bei der Datenbereinigung geht es darum, die Daten in eine Form zu bringen, in der mit ihnen gearbeitet werden kann. Dazu gehören der Umgang mit fehlenden Werten, die Korrektur von Inkonsistenzen und die Erstellung eines einheitlichen Formats. Die Pandas-Bibliothek von Python, die wir bereits besprochen haben, ist ein leistungsstarkes Werkzeug für die Datenbereinigung.

Der nächste Schritt ist die Datenexploration oder explorative Datenanalyse (EDA). Hier lernen wir unsere Daten kennen und versuchen, ihre wichtigsten Merkmale und Strukturen zu verstehen. Dazu gehören die Berechnung von Statistiken wie Mittelwert und Median und das Verständnis von Verteilungen. Es kann auch darum gehen, Beziehungen zwischen Variablen zu finden oder nach Ausreißern zu suchen. Die Python-Bibliotheken NumPy und SciPy werden häufig für EDA verwendet.

Dann kommt die Datenvisualisierung, ein entscheidender Schritt in der Datenanalyse. Die Visualisierung wandelt komplexe Daten in intuitive, leicht verständliche grafische Darstellungen um. Dies kann sowohl Ihnen als auch anderen helfen, die Daten zu verstehen, Trends und Ausreißer zu erkennen und Ergebnisse zu kommunizieren. Für die Datenvisualisierung sind die Python-Bibliotheken Matplotlib und Seaborn die idealen Werkzeuge für Sie.

Schließlich geht es um die Interpretation der Ergebnisse. Hier machen wir aus allem, was wir entdeckt haben, einen Sinn. Hier beantworten wir die Fragen, die wir uns gestellt haben, und stellen möglicherweise neue Fragen auf der Grundlage unserer Erkenntnisse.

Beim Erlernen der Datenanalyse sollte man die Bedeutung des kritischen Denkens im Auge behalten. Bei der Datenanalyse geht es nicht nur darum, Berechnungen durchzuführen oder Diagramme zu erstellen. Es geht darum, die richtigen Fragen zu stellen, fundierte Urteile zu fällen und sich der Einschränkungen und potenziellen Verzerrungen in unseren Daten und unserer Analyse bewusst zu sein.

Denken Sie daran, dass die Daten nicht für sich selbst sprechen. Es ist unsere Interpretation der Daten, die Erkenntnisse liefert und die

Entscheidungsfindung vorantreibt. Und diese Interpretationen sollten immer auf einer gründlichen, gut durchgeführten Analyse beruhen.

tools und techniken für die datenvisualisierung

Eine gut gestaltete Visualisierung kann komplexe Daten auf einfache und leicht verdauliche Weise vermitteln. Sie kann Muster, Beziehungen und Trends aufzeigen, die sonst vielleicht unbemerkt bleiben würden. Darüber hinaus kann eine effektive Datenvisualisierung eine Geschichte erzählen, indem sie rohe Zahlen in eine Erzählung verwandelt, die informieren, überzeugen und inspirieren kann.

Wenn es um Werkzeuge zur Erstellung dieser visuellen Erzählungen geht, bietet Python eine Reihe von leistungsstarken Bibliotheken. Ein paar davon kennen Sie bereits aus unseren früheren Abschnitten: Matplotlib und Seaborn.

Matplotlib ist das Urgestein der Python-Visualisierungsbibliotheken. Sie ist vielseitig, leistungsstark und in hohem Maße anpassbar und eignet sich daher für die Erstellung aller Arten von statischen, animierten und interaktiven Diagrammen. Liniendiagramme, Streudiagramme, Balkendiagramme, Histogramme - Matplotlib kann alles erstellen. Zwar ist für die Erstellung eines Plots in Matplotlib im Vergleich zu anderen Bibliotheken etwas mehr Code erforderlich, doch der Preis dafür ist ein hohes Maß an Kontrolle über jeden Aspekt der Visualisierung.

Seaborn baut auf Matplotlib auf und bietet eine übergeordnete Schnittstelle für die Erstellung statistischer Grafiken. Es enthält mehrere integrierte Themen, die Matplotlib-Plots verschönern, und fügt einige nützliche Funktionen zur Erstellung komplexer Plot-Typen hinzu. Die Hauptstärke von Seabsorn liegt in der Erstellung von Plots, die statistische Beziehungen zwischen Variablen darstellen, wie Heatmaps, Pairplots und Facettenraster.

Eine weitere interessante Bibliothek, die man in Betracht ziehen sollte, ist Plotly. Plotly ist ein mehrsprachiges Tool, das interaktive und browserbasierte Diagramme ermöglicht. Die Möglichkeit, mit dem Mauszeiger über Punkte zu fahren, zu zoomen und Ansichten zu manipulieren, kann für ein intensiveres und interessanteres Erlebnis sorgen.

Es ist ein ideales Tool, wenn Sie interaktive Diagramme für das Web erstellen müssen.

Bokeh ist wie Plotly eine weitere Bibliothek zur Erstellung interaktiver und dynamischer Visualisierungen. Sie eignet sich hervorragend für die Erstellung komplexer Dashboard-Visualisierungen und ist bei Finanzanalysten aufgrund ihrer leistungsstarken Zeitreihenfunktionen sehr beliebt.

Die Auswahl einer Bibliothek hängt oft von den spezifischen Anforderungen Ihres Projekts ab - ob Sie statische oder interaktive Diagramme benötigen, von der Komplexität Ihrer Visualisierung und von Ihren persönlichen Vorlieben.

Neben diesen Bibliotheken gibt es auch einige wichtige Techniken und bewährte Verfahren für die Datenvisualisierung, die Sie im Auge behalten sollten. Erstens: Kennen Sie immer Ihr Publikum. Die Design-Entscheidungen, die Sie treffen, sollten davon abhängen, wer Ihre Visualisierungen konsumieren wird und welches Wissen und welche Erwartungen er hat.

Als Nächstes sollten Sie Wert auf Klarheit und Einfachheit legen. Es kann verlockend sein, ein Diagramm mit vielen Farben, einer ausgefallenen Schriftart oder komplexen Designelementen zu erstellen, aber dies kann oft von den Daten ablenken. Die besten Visualisierungen sind oft die einfachsten.

Außerdem sollten Sie Ihre Diagramme immer deutlich beschriften. Dies gilt für den Titel, die Achsenbeschriftung und die Legende. Eine Visualisierung sollte für sich allein stehen können, ohne dass zusätzliche Erklärungen erforderlich sind.

Denken Sie auch an den Maßstab und den Kontext. Ein Diagramm kann irreführend sein, wenn die Skala verzerrt ist oder wenn den Daten der zum Verständnis notwendige Kontext fehlt.

Und schließlich sollten Sie ethisch handeln. Eine falsche Darstellung von Daten, selbst wenn sie unbeabsichtigt ist, kann zu falschen Schlussfolgerungen und darauf basierenden Entscheidungen führen. Bemühen Sie sich stets um eine wahrheitsgetreue und verantwortungsbewusste Darstellung Ihrer Daten.

Die Welt der Datenvisualisierung ist eine Kombination aus Kunst und Wissenschaft. Sie erfordert sowohl ein kreatives Auge für Ästhetik als auch einen logischen Verstand für die Dateninterpretation. In den nächsten Abschnitten werden wir näher darauf eingehen, wie man die Leistungsfähigkeit von Python-Bibliotheken nutzen kann, um aussagekräftige und wirkungsvolle Visualisierungen zu erstellen.

praktische anwendung: analysieren und visualisieren von daten mit python

Sie haben nun eine Fülle von Kenntnissen über Python, Datenanalyse und -visualisierung gesammelt. Jetzt ist es an der Zeit, diese Konzepte in die Praxis umzusetzen und sich auf eine praktische Reise durch ein reales Datenanalyse- und Visualisierungsprojekt zu begeben. Sind Sie bereit? Dann nichts wie los!

Zunächst benötigen wir einige Daten, mit denen wir arbeiten können. Für diese Übung verwenden wir einen öffentlichen Datensatz: den Iris-Datensatz. Dieser klassische Datensatz enthält Messungen von 150 Irisblüten von drei verschiedenen Arten. Er ist klein und einfach, aber er gibt uns viel zu erforschen. Er ist in verschiedenen Python-Bibliotheken wie seaborn oder sklearn verfügbar, oder Sie können ihn vom UCI Machine Learning Repository herunterladen.

Beginnen wir damit, die Daten mit seaborn zu laden und die ersten Zeilen zu untersuchen:

```python
seaborn als sns importieren
# Iris-Datensatz laden
iris = sns.load_dataset('iris')
# Die ersten fünf Zeilen anzeigen
print(iris.head())
```

Der Datensatz hat fünf Spalten: 'sepal_length', 'sepal_width', 'petal_length', 'petal_width' und 'species'. Die ersten vier sind numerische Maße in Zentimetern, und "species" ist eine kategorische Variable, die die Art der Iris angibt.

Als Nächstes wollen wir einige grundlegende explorative Datenanalysen durchführen. Wir können Pandas verwenden, um einige zusammenfassende Statistiken zu erstellen:

```python
# Zusammenfassende Statistiken
print(iris.describe())
```

So erhalten wir die Anzahl, den Mittelwert, die Standardabweichung, das Minimum, das 25. Perzentil, den Median (50. Perzentil), das 75. Perzentil und das Maximum für jede numerische Spalte im Datenrahmen.

Lassen Sie uns nun ein wenig tiefer eintauchen und unsere Daten visualisieren. Wir verwenden Seaborn, um einen Paarplot zu erstellen, der uns die Verteilung der einzelnen Messungen zeigt, sowie Streudiagramme, die jedes Messungspaar vergleichen:

```python
# Pairplot
sns.pairplot(iris, hue='species')
```

Anhand dieses Diagramms können wir die Beziehungen zwischen den Variablen erkennen und wie sich diese Beziehungen je nach Art unterscheiden. Fällt Ihnen etwas Interessantes auf?

An diesem Punkt sollten Sie vielleicht andere Arten von Visualisierungen ausprobieren. Versuchen Sie, ein Histogramm für eine Variable zu erstellen, einen Boxplot, der eine Variable mit anderen Arten vergleicht, oder eine Korrelations-Heatmap für alle numerischen Variablen.

Schließlich ist es an der Zeit, unsere Ergebnisse zu interpretieren. Was haben wir aus unserer Analyse gelernt? Wie unterscheiden sich die Messungen zwischen den Arten? Gibt es irgendwelche Muster, Beziehungen oder Ausreißer, die auffallen? Denken Sie daran, dass hier Ihre Fähigkeiten zum kritischen Denken ins Spiel kommen. Es geht nicht nur darum, was die Daten aussagen, sondern was sie bedeuten.

Lassen Sie uns zum Abschluss dieses praktischen Projekts über den Prozess nachdenken. Was haben Sie als Herausforderung empfunden? Was haben Sie gelernt? Wie könnten Sie ein ähnliches Projekt in Zukunft angehen? Denken Sie daran, dass Datenanalyse und -visualisierung wie jede andere Fähigkeit Übung erfordern. Je mehr Sie sich damit beschäftigen, desto sicherer und kompetenter werden Sie.

Wir haben heute einen aufregenden Schritt getan, indem wir theoretisches Wissen in praktische Fertigkeiten umgewandelt haben. Und denken Sie daran: Das ist erst der Anfang. Mit diesen grundlegenden Fähigkeiten sind Sie auf dem besten Weg, komplexere und anspruchsvollere Datenprojekte in Angriff zu nehmen.

5 /

datenbanken und sql für die datenwissenschaft

datenbanken verstehen: sql vs. nosql

NACHDEM WIR UNS in den praktischen Bereich der Datenanalyse und -visualisierung vorgewagt haben, wollen wir uns nun einem wesentlichen Aspekt des Datenmanagements zuwenden - den Datenbanken. Unser Hauptaugenmerk gilt heute dem klassischen Rätsel: SQL oder NoSQL?

Was also ist eine Datenbank? Vereinfacht ausgedrückt ist eine Datenbank ein strukturierter Datensatz. Sie ist wie ein riesiges, gut organisiertes digitales Ablagesystem, in dem Informationen gespeichert, verwaltet und abgerufen werden. Die Effizienz und Effektivität der Datenverwaltung kann über das Gelingen eines datengesteuerten Projekts entscheiden, daher ist es wichtig, Datenbanken zu verstehen.

Datenbanken können grob in zwei Typen unterteilt werden: SQL und NoSQL. SQL-Datenbanken (Structured Query Language) gibt es bereits seit den 1970er Jahren. Sie verwenden eine strukturierte Sprache zur Verwaltung von Daten, die in einem relationalen Modell gespeichert sind. Im Gegensatz dazu sind NoSQL-Datenbanken, eine neuere Art, nicht relational und können unstrukturierte Daten verarbeiten.

Beginnen wir mit SQL, um die einzelnen Datenbanktypen etwas näher zu betrachten.

SQL-Datenbanken

SQL-Datenbanken, die auch als relationale Datenbanken bezeichnet werden, organisieren Daten in einer oder mehreren Tabellen. Jede Tabelle ist ähnlich wie eine Excel-Tabelle, mit Zeilen und Spalten. Die Spalten stehen für verschiedene Attribute, und die Zeilen für einzelne Datensätze. Die Tabellen sind durch Schlüssel miteinander verknüpft, die Beziehungen zwischen den verschiedenen Datenpunkten herstellen. Diese organisierte Struktur ermöglicht es SQL-Datenbanken, komplexe Abfragen effizient zu bearbeiten.

Gängige Beispiele für SQL-Datenbanken sind MySQL, Oracle, PostgreSQL und SQLite. Ein großer Vorteil von SQL-Datenbanken ist ihre ACID-Konformität (Atomicity, Consistency, Isolation, Durability), die eine zuverlässige Verarbeitung von Datenbanktransaktionen gewährleistet.

Die strukturierte Natur von SQL-Datenbanken kann jedoch ein zweischneidiges Schwert sein. Sie fördert zwar die Datenkonsistenz und -integrität, ist aber möglicherweise weniger flexibel, wenn es um hierarchische oder mehrwertige Daten geht.

NoSQL-Datenbanken

Der Begriff NoSQL steht für "Not Only SQL". Wie der Name schon sagt, sind NoSQL-Datenbanken eine Reaktion auf die Einschränkungen von SQL-Datenbanken. Sie bewältigen den wachsenden Bedarf an der Speicherung und Bearbeitung unstrukturierter Daten wie Beiträge in sozialen Medien, nutzergenerierte Inhalte, Sensordaten und mehr.

NoSQL-Datenbanken sind schemaunabhängig, d. h. sie benötigen keine feste Struktur wie SQL-Datenbanken. Stattdessen bieten sie Flexibilität, so dass Felder spontan hinzugefügt werden können und jede "Zeile" oder jeder "Datensatz" über einen eindeutigen Satz von Feldern verfügt.

NoSQL-Datenbanken gibt es in verschiedenen Ausführungen, darunter Dokumentendatenbanken (wie MongoDB), Schlüsselwertspeicher (wie Redis), spaltenübergreifende Speicher (wie Cassandra) und Graphdatenbanken (wie Neo4j). Sie eignen sich hervorragend für Szenarien mit großen Datenmengen, Echtzeit-Webanwendungen und verteilter Datenverarbeitung.

NoSQL-Datenbanken tauschen jedoch einige ACID-Eigenschaften

gegen Flexibilität und Leistung ein, was möglicherweise zu Dateninkonsistenzen führen kann.

SQL vs. NoSQL: Welche Lösung ist die richtige?

Die Antwort lautet, wie Sie vielleicht schon erraten haben: Es kommt darauf an. Bei der Entscheidung zwischen SQL und NoSQL geht es nicht darum, welches System besser ist, sondern vielmehr darum, welches für die Anforderungen eines bestimmten Projekts besser geeignet ist.

Wenn Sie strukturierte Daten mit klaren Beziehungen haben und komplexe Abfragen durchführen müssen, ist eine SQL-Datenbank die beste Wahl. SQL-Datenbanken eignen sich auch gut für Projekte, die eine hohe Transaktionssicherheit erfordern, wie z. B. Finanzsysteme.

Wenn Sie hingegen mit großen Mengen unstrukturierter Daten zu tun haben oder wenn sich Ihre Datenanforderungen schnell entwickeln, ist eine NoSQL-Datenbank vielleicht besser geeignet. Sie sind besonders nützlich für Cloud-basierte Speicherung, Echtzeitanwendungen und den Umgang mit Big Data.

Auf Ihrem weiteren Weg als Datenwissenschaftler werden Sie wahrscheinlich sowohl mit SQL- als auch mit NoSQL-Datenbanken in Berührung kommen. Wenn Sie die Stärken und Schwächen der beiden Typen kennen, können Sie fundierte Entscheidungen über das richtige Tool für Ihre Aufgabe treffen.

grundlagen von sql für data science

Wie wir in unserem vorherigen Abschnitt festgestellt haben, ist das Verständnis von Datenbanken für jeden Datenwissenschaftler von entscheidender Bedeutung, und SQL spielt dabei eine große Rolle.

SQL, die Abkürzung für Structured Query Language, ist die Standardsprache für den Umgang mit relationalen Datenbanken. Egal, ob Sie mit MySQL, PostgreSQL, Oracle oder einem anderen relationalen Datenbankmanagementsystem (RDBMS) arbeiten, SQL ist die Sprache, die sie alle verstehen. Jetzt wollen wir uns die Hände schmutzig machen und in die Grundlagen eintauchen.

Die Struktur von SQL

SQL kann für eine Vielzahl von Aufgaben verwendet werden, z. B. für die Abfrage von Daten, die Aktualisierung von Daten, die Erstellung und Änderung von Datenbankstrukturen und die Steuerung des Zugriffs auf Daten. Wir beginnen jedoch mit der grundlegendsten Operation: der Abfrage von Daten, die mit der SELECT-Anweisung durchgeführt wird.

Eine grundlegende SELECT-Anweisung umfasst Folgendes:

```sql
SELECT spalten_name
FROM tabelle_name;
```

Dieser Befehl ruft Daten aus einer einzigen Spalte einer Tabelle ab. Wenn Sie mehrere Spalten auswählen möchten, trennen Sie diese durch Kommata:

```sql
SELECT spalte1_name, spalte2_name
FROM tabelle_name;
```

Und wenn Sie alle Spalten auswählen möchten, können Sie ein Sternchen (*) verwenden:

```sql
SELECT *
FROM tabelle_name;
```

Zeilen mit WHERE filtern

Manchmal möchten Sie Daten abrufen, die bestimmte Bedingungen erfüllen. Hier kommt die WHERE-Klausel ins Spiel. Hier ist ein Beispiel:

```sql
SELECT *
FROM tabelle_name
WHERE spalten_name = 'Wert';
```

Sie können verschiedene Operatoren in Ihrer WHERE-Klausel verwenden, darunter Gleich (=), Nicht-Gleich (<> oder !=), Kleiner als (<), Größer als (>), Kleiner oder gleich (<=), Größer oder gleich (>=), ZWISCHEN, GLEICH und IN.

Sortieren von Ergebnissen mit ORDER BY

Wenn Sie Ihre Ergebnisse sortieren möchten, können Sie die ORDER BY-Klausel verwenden:

```sql
SELECT *
FROM tabelle_name
ORDER BY column_name ASC; -- für aufsteigende Reihenfolge
```

Oder:
```sql
SELECT *
FROM tabelle_name
ORDER BY column_name DESC; -- für absteigende Reihenfolge
```

Verbinden von Tabellen

Eine der Stärken von SQL und relationalen Datenbanken ist die Möglichkeit, Daten aus verschiedenen Tabellen zu kombinieren. Dies geschieht durch JOIN-Operationen. Der häufigste Typ ist der INNER JOIN:

```sql
SELECT Aufträge.AuftragID, Kunden.Kundenname
VON Aufträgen
INNER JOIN Kunden
ON Aufträge.KundenID = Kunden.KundenID;
```

Diese Anweisung würde eine Tabelle mit der OrderID aus der Tabelle Orders und dem CustomerName aus der Tabelle Customers zurückgeben, wobei die CustomerID in beiden Tabellen übereinstimmt.

SQL bietet auch andere Arten von Verknüpfungen, wie LEFT JOIN, RIGHT JOIN und FULL JOIN, die jeweils unterschiedlichen Zwecken dienen.

Aggregieren von Daten

Schließlich bietet SQL Funktionen zur Aggregation von Daten, wie COUNT(), SUM(), AVG(), MAX() und MIN(). Diese Funktionen können in Verbindung mit der GROUP BY-Klausel verwendet werden:

```sql
SELECT COUNT(OrderID), CustomerID
VON Aufträgen
GROUP BY CustomerID;
```

```
```

Diese Anweisung gibt die Anzahl der Bestellungen zurück, die jeder Kunde getätigt hat.

Das ist nur ein kleiner Vorgeschmack auf die Möglichkeiten von SQL, aber diese grundlegenden Konzepte bilden die Basis für vieles, was Sie als Datenwissenschaftler mit SQL machen werden.

Denken Sie daran, dass SQL ein leistungsstarkes und flexibles Werkzeug in Ihrem Data-Science-Toolkit ist. Seine Universalität und Tiefe machen es zu einer unverzichtbaren Fähigkeit, die es zu beherrschen gilt. Aber lassen Sie sich nicht entmutigen - mit etwas Übung werden Sie feststellen, dass es ein zuverlässiger Begleiter bei Ihren Abenteuern in der Datenforschung ist.

arbeiten mit großen datensätzen

Als Datenwissenschaftler werden Sie häufig mit riesigen Datenmengen arbeiten, die manchmal Gigabytes oder sogar Terabytes umfassen. Dieser Abschnitt soll Sie mit den Strategien und Werkzeugen ausstatten, die für den effektiven Umgang mit solchen Datenmengen erforderlich sind.

Die Herausforderungen großer Datensätze verstehen

Die Arbeit mit großen Datensätzen, die oft als Big Data bezeichnet werden, bringt einzigartige Herausforderungen mit sich. Die schiere Größe der Daten kann zu Problemen mit der Speicherung, der Verarbeitungsgeschwindigkeit und dem Speicher führen. Möglicherweise laufen Ihre Skripte unerträglich langsam oder stürzen sogar aufgrund von Speicherüberlauf ab.

Es mag zwar verlockend sein, einfach die Hardware aufzurüsten, aber das ist oft eine kostspielige Lösung, die das eigentliche Problem - die ineffiziente Datenverarbeitung - nicht angeht. Lassen Sie uns einige Strategien besprechen, die helfen können, diese Probleme zu lösen, ohne die Bank zu sprengen.

Probenahme-Daten

Wenn Ihr Datensatz so groß ist, dass er unhandlich wird, besteht eine praktikable Strategie darin, mit einer Stichprobe Ihrer Daten zu arbeiten. Stichproben ermöglichen es Ihnen, mit einer überschaubaren Teilmenge von Daten zu arbeiten und dabei die statistische Signifikanz beizubehalten. Mit dieser Strategie können Sie Ihre Datenverarbeitungsskripte entwickeln und testen, ohne von der Größe Ihrer Daten erdrückt zu werden.

Denken Sie daran, dass es bei Stichproben nicht darum geht, zufällige Datenpunkte auszuwählen. Es geht darum, eine repräsentative Teilmenge Ihrer Daten auszuwählen, mit deren Hilfe Sie Rückschlüsse auf den gesamten Datensatz ziehen können.

Effiziente Datenstrukturen verwenden

Die Art und Weise, wie Sie Ihre Daten im Speicher ablegen, kann einen erheblichen Einfluss auf die Leistung haben. Die Verwendung effizienter Datenstrukturen kann dazu beitragen, die Speichernutzung zu verringern und die Verarbeitungsgeschwindigkeit zu erhöhen.

In Python werden zum Beispiel häufig Pandas DataFrames für die Datenmanipulation verwendet. Sie können jedoch sehr speicherintensiv sein. Wenn Sie mit großen Datensätzen zu tun haben, können Sie Dask verwenden, eine Bibliothek für parallele Berechnungen, die Pandas erweitert, um Berechnungen zu bewältigen, die über den Speicher hinausgehen. Dask kann mit Datensätzen arbeiten, die nicht in den Speicher passen, indem es sie in kleinere Brocken zerlegt und diese Brocken parallel verarbeitet.

Code optimieren

Bei der Verarbeitung großer Datenmengen ist es wichtig, optimierten Code zu schreiben. Vermeiden Sie Schleifen, wann immer dies möglich ist, da sie bei großen Datenmengen sehr langsam sein können. Verwenden Sie stattdessen vektorisierte Operationen, die in der Regel schneller sind, da sie Optimierungen auf niedriger Ebene nutzen.

Bedenken Sie auch, dass nicht alle Funktionen gleich sind. Einige Funktionen können für dieselbe Aufgabe schneller sein als andere. In Python ist zum Beispiel die Funktion "map()" oft schneller als "apply()".

Verwendung von Big Data-Tools

Manchmal kann Ihr Datensatz so groß sein, dass selbst die oben genannten Strategien nicht ausreichen. In solchen Fällen müssen Sie möglicherweise auf Big-Data-Tools zurückgreifen, die speziell für die Verarbeitung großer Datensätze entwickelt wurden. Diese Tools verwenden Techniken wie Parallelverarbeitung, verteiltes Rechnen und verzögerte Auswertung, um große Daten effizient zu verarbeiten.

Apache Spark ist ein solches Tool, das in der Data-Science-Branche weit verbreitet ist. Es ist ein quelloffenes, verteiltes Rechensystem, das große Datensätze parallel auf einem Cluster von Computern verarbeiten kann. Spark verfügt über APIs für mehrere Programmiersprachen, darunter Python und R, was es zu einem praktischen Tool für Datenwissenschaftler macht.

Hadoop ist ein weiteres Big-Data-Tool, auf das Sie vielleicht stoßen. Dabei handelt es sich um ein Framework, das die verteilte Verarbeitung großer Datensätze in Computerclustern mithilfe einfacher Programmiermodelle ermöglicht. Hadoop hat jedoch eine steilere Lernkurve und wird normalerweise von Dateningenieuren verwendet.

Skalierung mit Cloud-Diensten

Cloud-Computing-Dienste wie Amazon AWS, Google Cloud und Microsoft Azure bieten ebenfalls Lösungen für den Umgang mit Big Data. Diese Plattformen bieten skalierbare Speicher- und Rechenleistung, d. h. Sie können die Ressourcen je nach Bedarf anpassen. Sie bieten auch verschiedene Big-Data-Tools, darunter verwaltete Hadoop- und Spark-Dienste, die Ihre Big-Data-Verarbeitungsaufgaben vereinfachen können.

Die Arbeit mit großen Datensätzen kann anfangs entmutigend wirken, aber mit den richtigen Strategien und Tools ist es eine überschaubare Aufgabe. Denken Sie daran, dass der Umgang mit großen Datenmengen ein grundlegender Bestandteil der Tätigkeit eines Datenwissenschaftlers ist. Die Fähigkeit, große Datenmengen zu manipulieren und daraus Erkenntnisse zu gewinnen, kann Sie als Datenwissenschaftler auszeichnen und Ihnen neue Möglichkeiten eröffnen.

6 /

datenbereinigung und vorverarbeitung

die bedeutung von sauberen und organisierten daten

BEGEBEN wir uns auf eine Reise in das Herzstück des Data-Science-Prozesses: das Bereinigen und Organisieren von Daten. Das klingt vielleicht nicht so aufregend wie maschinelles Lernen oder Big Data, aber es ist genauso wichtig. Wenn nicht sogar noch wichtiger. Schließlich sind die Schlussfolgerungen, die Sie ziehen, und die Vorhersagen, die Sie treffen, nur so gut wie die Daten, mit denen Sie beginnen.

Verstehen der Datenlandschaft

Daten sind allgegenwärtig und werden aus einer Vielzahl von Quellen, in verschiedenen Formaten und mit unterschiedlicher Genauigkeit gesammelt. Bei den Daten kann es sich um Zahlen, Kategorien, Text, Bilder oder sogar Audio handeln. Unabhängig von der Art der Daten erhalten wir sie jedoch selten in einem ordentlichen Paket, bereit für die Analyse. Meistens sind sie unordentlich, unorganisiert und voller Ungenauigkeiten.

Was sind saubere und organisierte Daten?

Saubere Daten sind im Wesentlichen genau, vollständig und korrekt formatiert. Das Bereinigen von Daten beinhaltet das Korrigieren oder Entfernen von Ungenauigkeiten oder Diskrepanzen, die Ihre Ergebnisse verfälschen oder zu falschen Schlussfolgerungen führen könnten.

Beispiele für unsaubere Daten sind Tippfehler in Textdaten, falsche numerische Einträge oder fehlende Werte.

Organisierte Daten hingegen sind so strukturiert, dass sie für Ihre spezifischen Analysen optimiert sind. Dies kann bedeuten, dass Daten aggregiert, Tabellen umstrukturiert oder neue Variablen erstellt werden. Ziel der Datenorganisation ist es, Ihre Analysen zu rationalisieren und die Arbeit mit Ihren Daten zu erleichtern.

Warum sind saubere und organisierte Daten wichtig?

Stellen Sie sich Ihre Daten wie die Zutaten für eine Mahlzeit vor. Wenn Sie mit verdorbenen Zutaten beginnen, kann keine noch so gute Kochkunst Ihr Gericht retten. Das Gleiche gilt für Daten. Wenn Sie mit ungenauen oder unorganisierten Daten beginnen, werden Ihre Ergebnisse verzerrt und führen möglicherweise zu falschen Schlussfolgerungen. Das Bereinigen und Organisieren Ihrer Daten stellt sicher, dass Ihre Analysen auf einer soliden Grundlage beruhen.

Aber es geht um mehr als nur um Genauigkeit. Saubere und organisierte Daten können Ihnen auch Zeit sparen. Haben Sie schon einmal versucht, etwas in einem unordentlichen Raum zu finden? Das ist zeitraubend und frustrierend. Das gleiche Prinzip gilt für Daten. Wenn Ihre Daten unordentlich sind, verschwenden Sie wertvolle Zeit mit der Suche nach dem Gesuchten oder mit der Korrektur von Fehlern.

Wie man Daten bereinigt und organisiert

Das Bereinigen und Organisieren von Daten ist ein vielschichtiger Prozess und kann eine Vielzahl von Techniken umfassen. Bei numerischen Daten müssen Sie möglicherweise Ausreißer korrigieren oder fehlende Werte ergänzen. Bei kategorialen Daten müssen Sie möglicherweise Kategorien konsolidieren oder Rechtschreibfehler korrigieren. Die spezifischen Techniken hängen von Ihren Daten und Ihren Analysezielen ab.

Ein guter erster Schritt in jedem Datenbereinigungsprozess besteht darin, Ihre Daten zu verstehen. Das bedeutet, dass Sie sich Ihre Daten ansehen, sie zusammenfassen und potenzielle Probleme identifizieren. Diese explorative Datenanalyse (EDA) ist entscheidend für die Identifizierung von Bereichen, in denen Ihre Daten möglicherweise bereinigt werden müssen.

Sobald Sie die Probleme erkannt haben, können Sie mit der Bereinigung Ihrer Daten beginnen. Dies kann eine Vielzahl von Techniken umfassen, von einfachen Dingen wie dem Entfernen von Duplikaten oder dem Auffüllen fehlender Werte bis hin zu komplexeren Aufgaben wie dem Korrigieren von Inkonsistenzen oder dem Umgang mit Ausreißern.

Nachdem Ihre Daten bereinigt sind, können Sie mit ihrer Organisation beginnen. Dies kann die Umstrukturierung Ihrer Daten, die Erstellung neuer Variablen oder die Aggregation von Daten beinhalten. Ziel ist es, einen Datensatz zu erstellen, der einfach zu handhaben und für Ihre spezifische Analyse optimiert ist.

Tools zum Bereinigen und Organisieren von Daten

Es gibt viele Tools zum Bereinigen und Organisieren von Daten. Python verfügt beispielsweise über mehrere Bibliotheken, die bei diesem Prozess helfen können, darunter Pandas, NumPy und Scikit-learn. Diese Bibliotheken bieten Funktionen für den Umgang mit fehlenden Daten, die Korrektur von Ausreißern, die Kodierung kategorischer Variablen und mehr.

SQL kann auch zur Datenbereinigung und -organisation verwendet werden. Es bietet Befehle zum Filtern von Daten, zum Umgang mit Nullwerten und zur Umstrukturierung von Tabellen. SQL ist bei der Datenbereinigung zwar nicht so flexibel wie Python, kann aber sehr effektiv sein, insbesondere bei der Arbeit mit großen Datenbanken.

Der verborgene Wert beim Bereinigen und Organisieren von Daten

Abschließend sei darauf hingewiesen, dass das Bereinigen und Organisieren von Daten nicht nur eine lästige Pflicht ist, sondern auch eine Chance. Jedes Mal, wenn Sie einen Datensatz bereinigen oder organisieren, erfahren Sie mehr über diese Daten. Sie können Muster entdecken, potenzielle Probleme erkennen oder wertvolle Erkenntnisse gewinnen. Auch wenn es verlockend ist, diesen Schritt im Eiltempo zu erledigen, sollten Sie sich Zeit nehmen. Sie wissen nie, was Sie finden könnten.

Wir haben in diesem Abschnitt viel behandelt und die entscheidende Rolle hervorgehoben, die saubere und organisierte Daten in der Datenwissenschaft spielen. Von den Auswirkungen schmutziger Daten bis hin zu den Prozessen und Tools für die Datenbereinigung und -organisation - ich hoffe, Sie wissen jetzt, wie wichtig dieser oft übersehene Aspekt des Data-Science-Prozesses ist.

techniken zur datenbereinigung

Es ist an der Zeit, die Ärmel hochzukrempeln und sich mit den Feinheiten der Datenbereinigung zu beschäftigen. Im letzten Abschnitt haben wir über die Bedeutung von sauberen und organisierten Daten gesprochen, und jetzt lernen wir die Techniken kennen, mit denen wir das erreichen können.

Umgang mit fehlenden Daten

Eines der häufigsten Probleme, auf die Sie in einem Datensatz stoßen werden, sind fehlende Daten. Ob aufgrund von Fehlern bei der Datenerfassung, Problemen bei der Datenübertragung oder absichtlicher Auslassung - fehlende Daten können Ihre Analyse erheblich beeinträchtigen.

Ein einfacher Ansatz für den Umgang mit fehlenden Daten besteht darin, diese einfach zu entfernen. Diese Methode sollte jedoch mit Bedacht eingesetzt werden, da sie zu einem Verlust wertvoller Informationen führen kann, insbesondere wenn Ihr Datensatz klein ist oder die fehlenden Daten nicht zufällig verteilt sind.

Alternativ dazu können Sie die fehlenden Daten auffüllen. Gängige Füllmethoden sind die Verwendung eines konstanten Werts, des Mittelwerts, Medians oder Modus der Spalte oder die Verwendung eines Vorhersagemodells zur Schätzung der fehlenden Werte. Welche Methode am besten geeignet ist, hängt von der Art Ihrer Daten und dem Kontext Ihrer Analyse ab.

Umgang mit Ausreißern

Ausreißer sind Datenpunkte, die sich deutlich vom Rest der Daten unterscheiden. Während einige Ausreißer echt sind, können andere auf Fehler oder Anomalien bei der Datenerfassung zurückzuführen sein.

Ausreißer können Ihre Datenanalyse und Prognosemodellierung stark beeinträchtigen, wenn sie nicht richtig behandelt werden. Sie können zum Beispiel Ihre Daten verzerren und zu ungenauen Schlussfolgerungen führen.

Es gibt verschiedene Möglichkeiten, Ausreißer zu erkennen, darunter statistische Methoden wie Z-Score oder IQR oder Visualisierungstools wie Box Plots und Scatter Plots. Nach der Erkennung können Sie Ausreißer behandeln, indem Sie sie entweder entfernen oder umwandeln, je nachdem, ob sie echt sind oder nicht.

Berichtigung ungenauer Daten

Nicht alle unsauberen Daten sind fehlend oder abweichend - manchmal sind sie auch einfach nur falsch. Sie könnten zum Beispiel einen Datensatz mit Altersangaben haben, aber ein Eintrag besagt, dass eine Person 250 Jahre alt ist - ein eindeutiger Fehler.

Es kann schwierig sein, ungenaue Daten zu erkennen. Eine Möglichkeit, sie zu erkennen, besteht darin, Ihre Daten gut zu kennen und Ihr Fachwissen zu nutzen, um Dinge zu identifizieren, die keinen Sinn ergeben. Sobald Sie ungenaue Daten erkannt haben, können Sie sie korrigieren (wenn Sie die richtigen Informationen haben), entfernen oder als verdächtig kennzeichnen und weiter untersuchen.

Richtiges Formatieren Ihrer Daten

Daten können in einer Vielzahl von Formaten vorliegen, und eine falsche oder inkonsistente Formatierung kann die Analyse Ihrer Daten erschweren. So können beispielsweise Datumsangaben in einer Spalte als MM-TT-JJJJ und in einer anderen als TT-MM-JJJJ eingegeben werden. Inkonsistente Großschreibung und Rechtschreibfehler bei kategorischen Variablen sind weitere häufige Probleme.

Die Standardisierung und korrekte Formatierung Ihrer Daten erleichtert die Arbeit mit ihnen und kann dazu beitragen, Fehler in Ihrer Analyse zu vermeiden. Dies kann die Konvertierung von Datentypen, die Standardisierung von Texteinträgen oder die Umstrukturierung Ihrer Daten beinhalten.

Verwendung von Python-Bibliotheken für die Datenbereinigung

Python mit seinen leistungsstarken Bibliotheken wie Pandas, Numpy und Scikit-learn ist ein hervorragendes Werkzeug für die Datenbereinigung. So können Sie beispielsweise die Pandas-Bibliothek verwenden, um fehlende Daten zu verarbeiten, Ausreißer zu erkennen und zu behandeln und Ihre Daten zu formatieren. Sie bietet Funktionen zum Löschen oder Auffüllen fehlender Werte, zum Erkennen von Duplikaten, zum Ersetzen von Werten und vieles mehr.

Um Ihnen ein kurzes Beispiel zu geben: Wenn Sie in Pandas fehlende Werte in Ihrem Datensatz mit dem Mittelwert auffüllen möchten, können Sie die Funktion fillna() wie folgt verwenden:

```python
df = df.fillna(df.mean())
```

```
```

Dabei ist df Ihr DataFrame, und df.mean() berechnet den Mittelwert jeder Spalte in Ihrem DataFrame. Die Funktion fillna() ersetzt dann jeden fehlenden Wert durch den Mittelwert der entsprechenden Spalte.

In diesem Abschnitt haben wir eine Reihe von Techniken zur Datenbereinigung untersucht, von der Behandlung fehlender Daten und Ausreißern bis zur Korrektur von Ungenauigkeiten

und die richtige Formatierung Ihrer Daten. Mit diesen Techniken sind Sie gut gerüstet, um mit allen schmutzigen Daten umzugehen, die Ihnen über den Weg laufen.

Im folgenden Abschnitt werden wir einige Beispiele aus der Praxis durchgehen und die Datenbereinigung mit Python praktisch durchführen. Machen Sie sich bereit, das Gelernte in der Praxis anzuwenden, denn es gibt keinen besseren Weg, die Datenbereinigung zu verstehen, als sie selbst durchzuführen!

datenvorverarbeitung für maschinelles lernen

Die Datenvorverarbeitung ist wie die Backstage-Crew bei einem Theaterstück. Während Modelle für maschinelles Lernen (die Schauspieler) oft im Rampenlicht stehen, wären diese Modelle ohne die sorgfältige Vorbereitung, die hinter den Kulissen stattfindet, hilflos. In diesem Abschnitt werden wir diesen wichtigen Prozess eingehend untersuchen.

Was ist Datenvorverarbeitung?

Die Datenvorverarbeitung ist die Phase der Vorbereitung Ihrer Rohdaten für die Einspeisung in ein maschinelles Lernmodell. Dazu gehören mehrere Schritte, darunter die Datenbereinigung (die wir bereits in früheren Abschnitten behandelt haben), die Datentransformation, die Skalierung von Merkmalen und die Aufteilung von Daten. Diese Schritte zielen darauf ab, den Datensatz für die Modellierung besser geeignet zu machen und die Leistung und Genauigkeit des Modells zu verbessern.

Datenumwandlung

Bei der Datentransformation werden das Format, die Struktur oder die Werte Ihrer Daten geändert, um sie für die Analyse besser geeignet zu machen. Dies kann die Kodierung kategorischer Variablen, das Feature Engineering oder andere Transformationen umfassen.

Die meisten Algorithmen für maschinelles Lernen erfordern beispielsweise eine numerische Eingabe. Wenn Ihr Datensatz kategoriale Variablen wie "Farbe" mit den Werten "rot", "blau" und "grün" enthält, müssen Sie diese in numerische Werte wie 1, 2 und 3 kodieren.

Eine weitere gängige Form der Datentransformation ist das Feature Engineering. Dabei werden aus vorhandenen Merkmalen neue erstellt, z. B. durch mathematische Operationen an Merkmalen, Gruppierung von Kategorien oder Extraktion von Informationen aus Daten. Ein gutes Feature Engineering kann die Leistung Ihres Modells oft erheblich verbessern.

Merkmal Skalierung

Die Skalierung von Merkmalen ist eine Technik zur Standardisierung des Merkmalsbereichs in Ihrem Datensatz. Viele Algorithmen für maschinelles Lernen erzielen bessere Ergebnisse, wenn alle Merkmale auf einer ähnlichen Skala liegen. Dies liegt daran, dass diese Algorithmen bei ihren Berechnungen Abstandsmaße zwischen Datenpunkten verwenden.

Zwei gängige Methoden der Merkmalsskalierung sind Normalisierung und Standardisierung. Bei der Normalisierung werden die Merkmale auf einen Bereich zwischen 0 und 1 skaliert, während bei der Standardisierung die Merkmale so umgewandelt werden, dass sie einen Mittelwert von 0 und eine Standardabweichung von 1 haben. Die Wahl zwischen diesen Methoden hängt von Ihren Daten und dem Algorithmus ab, den Sie verwenden möchten.

Datenaufteilung

Bevor Sie Ihr Modell trainieren können, müssen Sie Ihren Datensatz in einen Trainingssatz und einen Testsatz aufteilen. Der Trainingsdatensatz wird zum Trainieren des Modells verwendet, während der Testdatensatz dazu dient, die Leistung des Modells bei ungesehenen Daten zu bewerten. Üblich ist eine Aufteilung von 80 % der Daten zum Trainieren und 20 % zum Testen.

In Python können Sie dazu die Funktion `train_test_split` aus dem Modul `sklearn.model_selection` verwenden. Zum Beispiel:
```python
from sklearn.model_selection import train_test_split
```

```
X_train, X_test, y_train, y_test = train_test_split(X, y, test_size=0.2,
random_state=42)
```

Hier ist "X" der Satz von Merkmalen und "y" die Zielvariable. Der Parameter "test_size" gibt den Anteil der Daten an, der für den Testsatz verwendet werden soll.

Umgang mit unausgewogenen Daten

In einigen Datensätzen kann es vorkommen, dass die Klassen Ihrer Zielvariablen nicht gleichmäßig vertreten sind. Dies wird als unausgewogener Datensatz bezeichnet und kann zu verzerrten Modellen führen, die die Mehrheitsklasse bevorzugen.

Es gibt verschiedene Techniken, um mit unausgewogenen Daten umzugehen, z. B. Oversampling der Minderheitenklasse, Undersampling der Mehrheitsklasse oder eine Kombination aus beidem (auch bekannt als SMOTE - Synthetic Minority Over-sampling Technique). Die Wahl der Technik hängt von Ihrem spezifischen Datensatz und Problem ab.

Die Datenvorverarbeitung ist ein wichtiger Schritt in Ihrem Projekt zum maschinellen Lernen. Wie beim Kochen wirkt sich die Qualität der Zutaten (Daten) entscheidend auf das Ergebnis des Gerichts (Modell) aus.

maschinelles lernen verstehen

überwachtes lernen vs. unüberwachtes lernen

WENN WIR TIEFER IN die faszinierende Welt des maschinellen Lernens eintauchen, stoßen wir auf einen entscheidenden Scheideweg: die Unterscheidung zwischen überwachtem und unüberwachtem Lernen. Um effektive Modelle für maschinelles Lernen zu erstellen, ist es wichtig, diesen Unterschied zu verstehen. Lassen Sie uns diese Konzepte auspacken und sehen, wie sie unsere Herangehensweise an die Problemlösung beeinflussen.

Überwachtes Lernen verstehen

Beim überwachten Lernen haben wir einen markierten Datensatz, d. h. wir kennen unser Zielergebnis bereits. Stellen Sie sich ein Lehrer-Schüler-Szenario vor, bei dem der Lehrer (Sie) den Schüler (das Modell) anhand einer Reihe von richtigen Antworten anleitet. Unser Modell verwendet diese Antworten, um die Beziehungen zwischen den Merkmalen und der Zielvariablen zu lernen.

Es gibt zwei Haupttypen von Problemen des überwachten Lernens: Regression und Klassifizierung. Bei Regressionsproblemen ist die Zielvariable kontinuierlich, z. B. die Vorhersage des Preises eines Hauses auf der Grundlage seiner Merkmale wie Größe, Lage und Alter. Bei Klassifizierungsproblemen hingegen geht es um die Vorhersage diskreter Werte, z. B. ob es sich bei einer E-Mail um Spam handelt oder nicht.

Die Python-Bibliothek `sklearn` bietet zahlreiche Algorithmen zur Lösung von Problemen des überwachten Lernens, darunter lineare Regression für Regressionsprobleme und Entscheidungsbäume, Naive Bayes und Support Vector Machines für Klassifizierungsaufgaben.

Unüberwachtes Lernen verstehen

Unüberwachtes Lernen hingegen ist eher ein forschendes Lernen. Hier ist das Modell mit einem Schüler vergleichbar, der ohne spezifische Anleitung alleine lernt. Wir stellen ihm einen unbeschrifteten Datensatz zur Verfügung, und es entdeckt die zugrunde liegende Struktur oder die Muster in den Daten.

Zu den üblichen Aufgaben des unüberwachten Lernens gehören Clustering und Dimensionalitätsreduktion. Beim Clustering werden ähnliche Datenpunkte gruppiert, z. B. bei der Segmentierung von Kunden für gezielte Marketingkampagnen. Bei der Dimensionalitätsreduzierung geht es darum, Daten zu vereinfachen, ohne zu viele Informationen zu verlieren, was bei sehr hochdimensionalen Daten hilfreich sein kann.

Zu den Algorithmen, die beim unüberwachten Lernen verwendet werden, gehören K-means für das Clustering und die Hauptkomponentenanalyse für die Dimensionalitätsreduktion.

Der Unterschied zwischen überwachtem und unüberwachtem Lernen

Der grundlegende Unterschied zwischen diesen beiden Arten des Lernens liegt in den Daten, mit denen sie arbeiten. Überwachtes Lernen erfordert einen beschrifteten Datensatz, d. h. jeder Datenpunkt enthält einen entsprechenden Zielwert. Unüberwachtes Lernen hingegen arbeitet mit unmarkierten Daten und versucht, inhärente Strukturen oder Muster aufzudecken.

Die Anwendungsfälle für beide Arten unterscheiden sich ebenfalls. Überwachtes Lernen wird in der Regel eingesetzt, wenn wir wissen, wonach wir suchen, und wenn wir über frühere Daten verfügen, an denen sich das Modell orientieren kann. Unüberwachtes Lernen kommt zum Einsatz, wenn wir nicht ganz sicher sind, wonach wir suchen, oder wenn wir möchten, dass das Modell die Antworten selbständig findet.

Die Wahl zwischen überwachtem und unüberwachtem Lernen

Die Entscheidung zwischen überwachtem und unüberwachtem

Lernen hängt weitgehend von Ihren Daten und dem Problem ab, das Sie zu lösen versuchen.

Wenn Sie über markierte Daten und eine bestimmte Vorhersageaufgabe verfügen, ist das überwachte Lernen in der Regel der richtige Weg. Es ermöglicht Ihnen, ein Modell zu trainieren, das genaue Vorhersagen für neue, ungesehene Daten treffen kann.

Wenn Sie jedoch keine Bezeichnungen für Ihre Daten haben oder wenn Sie Ihre Daten untersuchen möchten, um Muster oder Strukturen zu finden, dann ist unüberwachtes Lernen die bessere Wahl. Es kann Einblicke offenbaren, die Sie mit überwachten Methoden vielleicht nicht finden.

In der Realität können viele Projekte zum maschinellen Lernen beide Arten des Lernens beinhalten. So können Sie beispielsweise unüberwachtes Lernen verwenden, um Ihre Daten zu untersuchen und vorzuverarbeiten, und dann zum überwachten Lernen wechseln, um Ihr Vorhersagemodell zu erstellen und zu bewerten.

grundlegende algorithmen für maschinelles lernen

Nachdem wir nun eine solide Grundlage für die Konzepte des maschinellen Lernens geschaffen haben, ist es an der Zeit, einige der wichtigsten Algorithmen auf diesem Gebiet zu untersuchen. Dies sind die Techniken, mit denen Sie wertvolle Erkenntnisse aus Ihren Daten gewinnen können. Wir werden fünf wichtige Arten von Algorithmen untersuchen: lineare Regression, logistische Regression, Entscheidungsbäume, k-nearest neighbors und k-means clustering. Fangen wir an!

Lineare Regression

Die lineare Regression ist ein grundlegender Algorithmus des überwachten Lernens, der zur Lösung von Regressionsproblemen verwendet wird. Mit ihm wird versucht, eine lineare Beziehung zwischen den Eingangsvariablen (X) und einer einzelnen Ausgangsvariablen (Y) herzustellen. Der Algorithmus geht davon aus, dass Y als eine lineare Kombination der Eingangsvariablen dargestellt werden kann.

Die lineare Regression funktioniert am besten, wenn die Variablen linear abhängig sind, d. h., eine Veränderung einer Variablen wirkt sich proportional auf die Veränderung einer anderen aus. Sie wird häufig für

Prognosen und Trendanalysen verwendet, z. B. für die Vorhersage von Immobilienpreisen oder Aktienkursen.

Logistische Regression

Trotz ihres Namens wird die logistische Regression für binäre Klassifizierungsprobleme verwendet, bei denen die Ausgabe entweder 0 oder 1 ist. Sie wendet die logistische Funktion auf eine lineare Kombination von Merkmalen an, um die Wahrscheinlichkeit einer bestimmten Klasse vorherzusagen. Das Ergebnis ist ein Wert zwischen 0 und 1, der mit einem Schwellenwert versehen werden kann, um eine Klasse direkt vorherzusagen.

Die logistische Regression wird häufig in Szenarien verwendet, in denen das Ergebnis binär ist, z. B. bei der Vorhersage, ob eine E-Mail Spam ist oder nicht, oder bei der Diagnose einer Krankheit als bösartig oder gutartig.

Entscheidungsbäume

Ein Entscheidungsbaum ist ein weiterer überwachter Lernalgorithmus, der sowohl für Klassifizierungs- als auch für Regressionsaufgaben verwendet werden kann. Das Modell hat die Form einer baumähnlichen Struktur, bei der jeder interne Knoten ein Merkmal darstellt, jeder Zweig eine Entscheidungsregel bedeutet und jeder Blattknoten ein Ergebnis angibt.

Entscheidungsbäume sind intuitiv und leicht zu interpretieren und eignen sich daher hervorragend zur Visualisierung des Entscheidungsprozesses. Sie werden in der Regel in der Betriebsforschung, der strategischen Planung und bei fortgeschrittenen Schachspielen verwendet.

K-Nächste Nachbarn (K-NN)

K-Nearest Neighbors ist ein instanzbasierter Lernalgorithmus, der sowohl für Klassifizierungs- als auch für Regressionsprobleme verwendet wird. Das Prinzip hinter K-NN ist einfach: ähnliche Dinge liegen nahe beieinander. Der Algorithmus klassifiziert eine neue Instanz auf der Grundlage der Mehrheitsklasse ihrer "k" nächsten Nachbarn.

K-NN gilt als träges Lernverfahren, da es keine diskriminierende Funktion aus den Trainingsdaten lernt, sondern sich stattdessen den Trainingsdatensatz merkt. Sie wird in Empfehlungssystemen, bei der semantischen Suche und bei der Erkennung von Anomalien eingesetzt.

K-Means-Clustering

K-means ist ein unüberwachter Lernalgorithmus, der für Clustering-Probleme verwendet wird. Er unterteilt den Datensatz in "k" verschiedene, sich nicht überschneidende Cluster. Der Algorithmus versucht, die Datenpunkte in den Clustern so ähnlich wie möglich zu machen und gleichzeitig die Cluster so unterschiedlich wie möglich zu halten.

K-means wird in verschiedenen Bereichen eingesetzt, darunter Marktsegmentierung, Computer Vision, Geostatistik und Astronomie.

Das war's - ein Überblick über fünf wichtige Algorithmen für maschinelles Lernen. Jeder Algorithmus hat seine Stärken und Schwächen, und der Schlüssel zum erfolgreichen maschinellen Lernen liegt darin, zu verstehen, welchen Algorithmus man wann einsetzen sollte. Es ist auch wichtig, sich daran zu erinnern, dass der "beste" Algorithmus oft von der Größe und Art Ihrer Daten, der Ihnen zur Verfügung stehenden Rechenleistung und dem Problem, das Sie zu lösen versuchen, abhängt.

implementierung von algorithmen für maschinelles lernen in python

Inzwischen haben Sie eine Handvoll wichtiger Algorithmen für maschinelles Lernen kennengelernt. Sie haben einen groben Überblick darüber, was jeder Algorithmus tut und wo er angewendet werden kann. In diesem Abschnitt gehen wir einen Schritt weiter: Wir werden uns mit der praktischen Seite der Dinge befassen und untersuchen, wie diese Algorithmen in Python implementiert werden können.

Python und maschinelles Lernen

Python ist die bevorzugte Sprache für viele Datenwissenschaftler, und das aus gutem Grund. Ihre Einfachheit und Lesbarkeit machen sie zu einer ausgezeichneten Wahl für Anfänger, während ihre leistungsstarken Bibliotheken - von denen viele speziell für die Datenwissenschaft entwickelt wurden - sie zu einem robusten Werkzeug für Experten machen. Heute werden wir die Scikit-Learn-Bibliothek von Python nutzen, ein vielseitiges Tool für maschinelles Lernen in Python.

Implementierung der linearen Regression

Unsere erste Aufgabe ist die Implementierung eines linearen Regressionsmodells. Hier sehen wir, wie wir dies in Python angehen können:

```python
```

```python
from sklearn.linear_model import LinearRegression
model = LinearRegression()
model.fit(X_train, y_train)
Vorhersagen = model.predict(X_test)
```

In diesem Beispiel sind "X_train" und "y_train" unsere Trainingsdaten bzw. Bezeichnungen. Nachdem wir das Modell angepasst haben, können wir Vorhersagen für unsere Testdaten "X_test" treffen.

Implementierung der logistischen Regression

Die logistische Regression wird in ähnlicher Weise implementiert:

```python
from sklearn.linear_model import LogisticRegression
model = LogistischeRegression()
model.fit(X_train, y_train)
Vorhersagen = model.predict(X_test)
```

Auch hier passen wir das Modell an unsere Trainingsdaten an und machen dann Vorhersagen für unsere Testdaten.

Implementierung von Entscheidungsbäumen

Bei Entscheidungsbäumen wird ein ähnliches Verfahren angewandt, allerdings mit einem anderen Modell:

```python
from sklearn.tree import DecisionTreeClassifier
model = DecisionTreeClassifier()
model.fit(X_train, y_train)
Vorhersagen = model.predict(X_test)
```

Beachten Sie, dass DecisionTreeClassifier für Klassifizierungsaufgaben verwendet wird. Für Regressionsaufgaben würden Sie DecisionTreeRegressor verwenden.

Implementierung von K-Nächste Nachbarn

Für den K-Nächste-Nachbarn-Algorithmus ist der Prozess ähnlich, aber wir geben auch die Anzahl der Nachbarn als Argument an:

```python
from sklearn.neighbors import KNeighborsClassifier
model = KNeighborsClassifier(n_neighbors=3)
```

```python
model.fit(X_train, y_train)
Vorhersagen = model.predict(X_test)
```

Denken Sie daran, dass die Wahl des richtigen Wertes für 'k' für den K-Nächste-Nachbarn-Algorithmus entscheidend ist.

Implementierung von K-Means Clustering

K-Means schließlich ist etwas anders, da es sich um einen unüberwachten Lernalgorithmus handelt:

```python
from sklearn.cluster import KMeans
model = KMeans(n_clusters=3)
model.fit(X)
Vorhersagen = model.predict(X)
```

Hier passen wir das Modell an und machen Vorhersagen für denselben Datensatz "X", da wir beim unüberwachten Lernen keine Labels haben.

8 /

deep learning und neuronale netze

einführung in neuronale netze

BISHER HABEN wir uns mit einigen grundlegenden Algorithmen des maschinellen Lernens befasst und damit gespielt. Jetzt ist es an der Zeit, einen spannenden und äußerst beliebten Bereich der Datenwissenschaft in Angriff zu nehmen - Neuronale Netze. Wenn Sie schon einmal von künstlicher Intelligenz oder Deep Learning gehört haben, dann haben Sie mit Sicherheit auch von Neuronalen Netzen gehört.

Die Inspiration hinter neuronalen Netzen

Das Konzept der neuronalen Netze ist nicht neu - es geht auf unser Bestreben zurück, die Funktionsweise des menschlichen Gehirns nachzuahmen. Unser Gehirn besteht aus Milliarden von Neuronen, die interagieren und Signale übertragen, um eine Reihe komplexer Aufgaben zu erfüllen. Davon inspiriert haben Informatiker künstliche neuronale Netze (ANN) entwickelt, mathematische Modelle, die die Struktur und Funktion des menschlichen Gehirns nachahmen sollen.

Künstliche Neuronen: Die Bausteine

Die Bausteine von ANNs sind künstliche Neuronen oder Knotenpunkte. Jedes Neuron empfängt eine oder mehrere Eingaben, verarbeitet sie und erzeugt eine Ausgabe. Dieser Vorgang ist der Funktionsweise biologischer Neuronen nicht unähnlich.

Bei einem künstlichen Neuron sind die Eingaben numerische Werte, die jeweils mit einer entsprechenden Gewichtung multipliziert werden. Das Neuron summiert diese gewichteten Eingaben und wendet eine Aktivierungsfunktion auf das Ergebnis an, wodurch die Ausgabe entsteht. Die Aktivierungsfunktion bestimmt die Ausgabe des Neurons auf der Grundlage seiner Eingaben - einige Aktivierungsfunktionen lassen beispielsweise nur positive Werte durch.

Mehrschichtige Struktur: Die Netzstruktur

Ein künstliches neuronales Netz besteht aus mehreren Schichten dieser Neuronen - im Allgemeinen eine Eingabeschicht, eine Ausgabeschicht und eine oder mehrere versteckte Schichten dazwischen. Jede Schicht kann eine beliebige Anzahl von Neuronen enthalten. Die versteckten Schichten ermöglichen es dem Netz, komplexe Muster zu lernen, indem es neue Darstellungen der Eingabedaten erstellt.

Lernen in neuronalen Netzen: Der Backpropagation-Algorithmus

Neuronale Netze lernen durch einen Algorithmus namens Backpropagation. Vereinfacht gesagt, berechnet das Netz nach einer Vorhersage, wie weit es vom tatsächlichen Ergebnis abgewichen ist - das ist der Fehler. Mit Hilfe der Backpropagation werden dann die Gewichte der Neuronen angepasst, beginnend mit der Ausgabeschicht und zurück zur Eingabeschicht, um so den Fehler zu verringern. Der Prozess wird mehrmals wiederholt (Epochen), wobei der Fehler jedes Mal weiter reduziert wird.

Was ist das Besondere an neuronalen Netzen?

Neuronale Netze, insbesondere tiefe Netze mit vielen Schichten, haben sich in vielen Bereichen als außerordentlich erfolgreich erwiesen, etwa bei der Bilderkennung, der Verarbeitung natürlicher Sprache und bei komplexen Spielen. Sie können komplexe Muster erfassen und reichhaltige Datenrepräsentationen erstellen und sind anderen Algorithmen für maschinelles Lernen bei bestimmten Aufgaben überlegen.

Mögliche Herausforderungen

Man darf jedoch nicht vergessen, dass neuronale Netze auch ihre Tücken haben. Sie können rechenintensiv und schwer zu interpretieren sein und neigen zur Überanpassung, wenn sie nicht korrekt reguliert werden. Auch das Sammeln der riesigen Datenmengen, die für ihr Training erforderlich sind, kann eine Herausforderung sein.

Python und neuronale Netze

Python bietet leistungsstarke Bibliotheken für die Arbeit mit neuronalen Netzen. TensorFlow, das von Google Brain entwickelt wurde, und PyTorch, das von Facebooks AI Research Lab unterstützt wird, sind zwei herausragende Beispiele. Keras, eine benutzerfreundliche Bibliothek für neuronale Netze, läuft auf TensorFlow und bietet eine einfachere Möglichkeit, neuronale Netze zu erstellen und damit zu experimentieren.

Neuronale Netze sind erst der Anfang

Wenn Sie tiefer in die Welt der Datenwissenschaft eintauchen, werden Sie fortgeschrittenere Arten von neuronalen Netzen entdecken, wie z. B. Convolutional Neural Networks (CNNs), die in der Bildverarbeitung verwendet werden, und Recurrent Neural Networks (RNNs), die für Sequenzdaten wie Zeitreihen oder Text verwendet werden.

Vorwärts schreiten

Neuronale Netze sind ein wichtiger Schritt auf unserem Weg. Als Eckpfeiler des Deep Learning kann ihr Verständnis viele Türen im Bereich der Datenwissenschaft öffnen. Sie können zunächst einschüchternd wirken, aber wenn Sie erst einmal mit ihnen arbeiten, werden Sie feststellen, dass sie auf einfachen Prinzipien beruhen.

faltungsneuronale netze verstehen

Nachdem wir nun die Grundlage für das Verständnis grundlegender neuronaler Netze gelegt haben, wollen wir die Grenzen weiter ausdehnen und in die faszinierende Welt der Convolutional Neural Networks (Faltungsneuronale Netze) eintauchen, die oft als CNNs abgekürzt werden.

Faltungsneuronale Netze: Ein besonderer Typ von neuronalen Netzen

CNNs sind eine spezielle Art von neuronalen Netzen, die sich bei Aufgaben der Bild- und Videoverarbeitung als unglaublich erfolgreich erwiesen haben. Kennen Sie die Foto-Tagging-Funktion auf Social-Media-Plattformen? Das sind CNNs in Aktion!

Das Konzept der Faltung

Das Schlüsselkonzept, das die CNNs auszeichnet, ist die Faltung. Die

Faltung ist eine mathematische Operation, bei der jedes Element des Bildes zu seinen lokalen Nachbarn addiert wird, gewichtet durch den Kernel (eine kleine Matrix).

Dies ist vergleichbar mit einer Taschenlampe, die über das gesamte Bild gestrahlt wird, wobei die Taschenlampe den Kern darstellt und das auf das Bild fallende Licht den Vorgang der Faltung repräsentiert. Diese "Taschenlampenoperation" hilft beim Hervorheben von Merkmalen wie Kanten, Texturen oder Formen - im Wesentlichen also von Merkmalen, die uns (und der Maschine) helfen, das Bild zu identifizieren.

Aufbau eines CNN: Die Faltungsschicht (Convolutional Layer)

CNNs bestehen in der Regel aus mehreren Arten von Schichten, beginnend mit der Faltungsschicht (Convolutional Layer). Diese Schicht wendet verschiedene Filter auf die Eingabe an, von denen jeder dazu dient, ein bestimmtes Merkmal im Bild zu erkennen.

Jedes Neuron in dieser Schicht ist nur mit einem kleinen Bereich der Eingabe verbunden, und alle Neuronen haben die gleichen Gewichte und Vorspannungen. Dieser gemeinsame Satz von Gewichten wird als Filter oder Kernel bezeichnet und wird über das Eingangsbild bewegt, um bestimmte Merkmale zu erkennen.

Die Pooling-Ebene: Die Vereinfachung der Dinge

Nach der Faltungsschicht folgt häufig die Pooling-Schicht. Diese Schicht hat die Aufgabe, die räumliche Größe (Breite und Höhe) der Eingabedarstellung schrittweise zu verringern, um die Berechnungen handhabbarer zu machen. Sie arbeitet, indem sie die Merkmale in der Region des Bildes, auf die sie angewendet wird, zusammenfasst, wobei sie oft den Maximalwert (Max Pooling) oder den Durchschnittswert (Average Pooling) nimmt.

Vollständig vernetzte Schicht: Entscheidungen treffen

Nach mehreren Runden der Faltung und des Poolings erfolgt das schlussfolgernde Denken auf höchster Ebene in der vollständig verbundenen Schicht. Die Neuronen in dieser Schicht sind mit allen Aktivierungen in der vorhergehenden Schicht verbunden, wie dies bei herkömmlichen neuronalen Netzen der Fall ist. Diese Schichten können eine Softmax-Aktivierungsfunktion enthalten, die bei der Berechnung der Wahrscheinlichkeiten für jede Ausgabeklasse hilft.

Training eines CNN: Dieselbe alte Backpropagation

CNNs werden durch Backpropagation trainiert, denselben Lernalgorithmus, der auch für andere neuronale Netze verwendet wird. Ausgehend von einem Eingangsbild erstellt das CNN eine Vorhersage für die Ausgabe. Der Fehler dieser Vorhersage wird mithilfe einer Verlustfunktion berechnet, und dieser Fehler wird dann durch Backpropagation in das Netzwerk übertragen, um die Gewichte anzupassen.

Python und CNNs: Hallo, TensorFlow und Keras

In Python können wir leistungsstarke Bibliotheken für die Arbeit mit CNNs nutzen. TensorFlow ist die erste Wahl für Hochleistungsaufgaben, während Keras, das auf TensorFlow aufbaut, benutzerfreundlich und hervorragend für schnelle Experimente geeignet ist.

CNNs und ihre Beschränkungen

CNNs sind zwar leistungsstark für die Bildanalyse, haben aber auch ihre Grenzen. So können sie beispielsweise Schwierigkeiten haben, den Kontext oder die Abfolge in Bildern zu verstehen, da sie jedes Bild unabhängig voneinander behandeln. Für komplexe Aufgaben wie die Videoverarbeitung oder die Verarbeitung natürlicher Sprache sind andere Arten neuronaler Netze, wie rekurrente neuronale Netze, möglicherweise besser geeignet.

Mit CNNs an die Grenzen des Machbaren gehen

Denken Sie daran, dass das Verständnis von CNNs eine breite Palette von Möglichkeiten im Bereich der Datenwissenschaft eröffnen kann, die von der Bildklassifizierung über die Objekterkennung bis hin zu hochentwickelten selbstfahrenden Autosystemen reichen. Der Nutzen von CNNs erstreckt sich auf alle Aufgaben, bei denen eine Mustererkennung in großen Datensätzen erforderlich ist.

einführung in deep learning frameworks: tensorflow und pytorch

Nun, da wir unsere Konzepte über neuronale Netze, Faltungsneuronale Netze und den damit verbundenen mathematischen Jargon verstanden haben, sind wir bereit, die praktische Seite der Implementierung dieser Konzepte zu erkunden. Ja, wir sprechen über Deep Learning-Frameworks!

Deep Learning-Frameworks sind die Motoren, die unsere Fähigkeit zur Schaffung künstlicher Intelligenz antreiben. Mit diesen Tools können wir tiefe neuronale Netze entwerfen, trainieren und validieren, die den Kern moderner KI-Anwendungen bilden. Heute werden wir zwei der beliebtesten Deep-Learning-Frameworks besprechen: TensorFlow und PyTorch.

TensorFlow: Googles Geschenk an KI-Entwickler

TensorFlow ist ein Open-Source-Framework für Deep Learning, das vom Google Brain Team entwickelt wurde. Es wurde mit einem übergreifenden Ziel vor Augen entwickelt - es soll Entwicklern das Entwerfen, Erstellen und Trainieren von Deep-Learning-Modellen erleichtern.

Das Herzstück von TensorFlow sind Tensoren - mehrdimensionale Arrays, die Sie sich als die Bausteine aller Daten vorstellen können, mit denen Sie arbeiten könnten. Der Name "TensorFlow" leitet sich von den Operationen ab, die neuronale Netze mit diesen Tensoren durchführen - im Wesentlichen "fließen" die Daten durch das Modell wie Wasser durch eine Reihe von Rohren.

TensorFlow ist in der Industrie weit verbreitet und hat eine starke Unterstützung für den Produktionseinsatz, was bedeutet, dass es eine gute Wahl für die Erstellung von Modellen ist, die Sie möglicherweise skalieren und einer großen Anzahl von Nutzern zur Verfügung stellen wollen. TensorFlow ist auch ein umfangreiches Ökosystem, nicht nur eine Bibliothek zum Aufbau und Training neuronaler Netze. Es wird mit TensorFlow Lite für mobile und eingebettete Systeme und TensorFlow Extended (TFX) für produktionsreife maschinelle Lernpipelines geliefert.

PyTorch: Facebooks Fackelträger in Sachen KI

PyTorch hingegen ist das Angebot von Facebook in der Welt des Deep Learning. PyTorch ist ein Open-Source-Framework wie TensorFlow und wird von Forschern und Entwicklern gleichermaßen für seine Einfachheit und Benutzerfreundlichkeit geliebt, insbesondere wenn es um Rapid Prototyping geht.

Während TensorFlow explizit für die Produktion entwickelt wurde, wurde PyTorch für das eigentliche Problem entwickelt - die Forschung zu vereinfachen. Es verfügt über einen dynamischen Berechnungsgraphen, der Änderungen in der Netzwerkstruktur in Echtzeit ermöglicht, wodurch es sich besonders für Aufgaben eignet, die häufige Änderungen und Feinabstimmungen erfordern.

Seine Architektur ermöglicht es Ihnen, Gradienten direkt zu sehen und mit ihnen zu arbeiten, was beim Debuggen Ihres neuronalen Netzwerks ein Segen sein kann. Im Gegensatz zu TensorFlow, wo Sie den gesamten Berechnungsgraphen vor der Ausführung Ihres Modells definieren, können Sie mit PyTorch Ihren Graphen unterwegs definieren und manipulieren.

TensorFlow vs. PyTorch: Der Showdown

Die Wahl zwischen TensorFlow und PyTorch könnte von Ihren spezifischen Projektanforderungen, den Fähigkeiten Ihres Teams oder einfach von Ihren persönlichen Vorlieben abhängen. TensorFlow gibt es schon länger und wird allgemein als ausgereifter für bestimmte Aufgaben und Anwendungen auf Produktionsebene angesehen. PyTorch mit seiner Einfachheit und Flexibilität wird jedoch immer beliebter, vor allem in der Forschungsgemeinschaft.

Aber um es klar zu sagen: Es geht nicht darum, dass das eine besser ist als das andere. Sie sind beide in der Lage, beeindruckende Ergebnisse zu erzielen. Es geht vielmehr darum, die Stärken und Schwächen der beiden zu verstehen und sie zu Ihrem Vorteil zu nutzen.

Der Einstieg in die Praxis mit Python

Sowohl TensorFlow als auch PyTorch bieten Python-freundliche Schnittstellen und haben Deep Learning in vielerlei Hinsicht für die breite Masse zugänglich gemacht. Mit einem klaren, prägnanten Python-Code können Sie schnell eine breite Palette von Deep-Learning-Modellen entwerfen, trainieren und validieren. Mit Hilfe von TensorFlow's Keras oder PyTorch's nn.Module können Sie komplexe Architekturen mit nur wenigen Zeilen Code definieren.

In den folgenden Abschnitten werden wir uns mit dem Code, der Architektur und den Feinheiten der Arbeit mit TensorFlow und PyTorch beschäftigen. Wir werden praktische Beispiele durchgehen und sehen, wie diese Frameworks unsere Algorithmen zum Leben erwecken. Wir beginnen mit der Erklärung der Syntax, zeigen, wie man den Code strukturiert, und tauchen dann in komplexere Konzepte ein.

Ob Sie sich nun für die Arbeit mit TensorFlow oder PyTorch oder vielleicht für beides entscheiden, das Wissen um die Nutzung dieser Frameworks ist ein wichtiger Schritt auf Ihrem Weg zur Datenwissenschaft. Es handelt sich um Tools, die eine Möglichkeit bieten, das theoretische Wissen über maschinelles Lernen und Deep Learning in praktische Fähigkeiten umzuwandeln, mit denen reale Probleme gelöst werden können. Und denken Sie daran, dass es wie beim Erlernen einer neuen Sprache ist: Je mehr Sie mit diesen Frameworks üben, desto fließender werden Sie sie beherrschen.

verarbeitung natürlicher sprache und computer vision

grundlagen der natürlichen sprachverarbeitung

WILLKOMMEN IN DER aufregenden Welt der natürlichen Sprachverarbeitung (Natural Language Processing, NLP), in der wir Computer dazu bringen, menschliche Sprache zu verstehen und zu interpretieren. Dieser bemerkenswerte Bereich der Datenwissenschaft ist das Herzstück vieler Anwendungen, die wir täglich nutzen, von virtuellen Assistenten wie Siri oder Alexa bis hin zu Sprachübersetzungsdiensten und Tools zur Stimmungsanalyse.

Im Wesentlichen ist die Verarbeitung natürlicher Sprache ein Teilbereich der künstlichen Intelligenz, der sich mit der Interaktion zwischen Computern und Menschen unter Verwendung natürlicher Sprache befasst. Ziel ist es, Computer in die Lage zu versetzen, die menschliche Sprache zu verstehen, zu interpretieren und auf wertvolle Weise zu erzeugen. Es geht darum, unseren digitalen Begleitern beizubringen, uns besser zu verstehen, was, wie Sie sich vielleicht denken können, nicht so einfach ist, wie es klingt!

Warum? Weil die menschliche Sprache unglaublich komplex ist. Sie ist voller Zweideutigkeiten, Nuancen und Feinheiten und variiert stark je nach Kontext, Kultur und persönlichen Erfahrungen. Denken Sie nur an Slangwörter, Redewendungen oder die verschiedenen Arten, wie wir einen einfachen Satz je nach Tonfall oder Kontext interpretieren können.

Um diese Komplexität zu bewältigen, verwendet NLP verschiedene Techniken und Methoden aus verschiedenen Bereichen, darunter Informatik, KI und Linguistik. Diese Techniken ermöglichen es der Maschine, menschliche Sprache in ein Format umzuwandeln, das sie verstehen und interpretieren kann, und sogar Antworten zu erzeugen, die für uns sinnvoll sind.

Einer der grundlegenden Aspekte von NLP ist die Textverarbeitung. Da Computer die menschliche Sprache nicht von Natur aus verstehen können, müssen wir Textdaten in ein Format umwandeln, das eine Maschine verstehen kann - ein Prozess, der Textvorverarbeitung genannt wird. Die Textvorverarbeitung umfasst mehrere Schritte wie die Tokenisierung (Zerlegung eines Satzes in einzelne Wörter), die Entfernung von Stoppwörtern (Eliminierung häufig verwendeter Wörter wie "a", "an", "der"), die Stamm- und Lemmatisierung (Reduzierung von Wörtern auf ihre Stammform) und die Codierung von Wörtern als numerische Vektoren.

Ein weiterer wichtiger Aspekt ist das Verständnis der Struktur von Sätzen, ein Prozess, der Parsing genannt wird. Dabei wird ein Satz analysiert, um seine grammatikalischen Bestandteile und deren Beziehung zueinander zu ermitteln. Dies kann helfen, die Bedeutung eines Satzes zu bestimmen oder festzustellen, ob er grammatikalisch korrekt ist.

Im weiteren Verlauf werden wir auch Techniken wie die Named Entity Recognition (NER) einführen, die es uns ermöglicht, wichtige Elemente wie Personen, Orte und Organisationen in einem Text zu identifizieren, sowie die Sentiment-Analyse, die dazu dient, den emotionalen Ton hinter Wörtern zu bestimmen. Diese Techniken tragen dazu bei, den Textdaten mehr Kontext zu verleihen und helfen so beim Verständnis der menschlichen Sprache.

Auch das maschinelle Lernen, insbesondere das Deep Learning, hat sich erheblich auf NLP ausgewirkt. Mit der Einführung von Modellen wie rekurrenten neuronalen Netzen (RNN), Long Short Term Memory (LSTM) und neuerdings auch Transformer-Modellen wie BERT (Bidirectional Encoder Representations from Transformers) konnte die Leistung von NLP erheblich verbessert werden.

Bei der Vertiefung dieses Abschnitts werden wir uns mit den wesentlichen Konzepten, Methoden und Werkzeugen des NLP befassen, so dass

Sie eine solide Grundlage für die Implementierung von NLP in Ihren Projekten erhalten.

Ob Sie den Kundenservice mit Chatbots automatisieren, die Stimmung in sozialen Medien analysieren oder einen intelligenten Assistenten entwickeln, NLP wird ein unverzichtbares Werkzeug in Ihrem Arsenal sein. Machen Sie sich also bereit, denn wir tauchen gleich kopfüber in diese faszinierende Welt ein, in der Linguistik, künstliche Intelligenz und Datenwissenschaft zusammenfließen!

verstehen von computer vision

Heute stechen wir in See auf dem weiten Meer der Computer Vision, einem außergewöhnlichen Bereich, in dem Computer aus digitalen Bildern oder Videos ein hohes Maß an Verständnis gewinnen. Es ist ein Bereich, in dem künstliche Intelligenz das menschliche Sehen nachahmt, ein Bereich, der ebenso spannend wie transformativ ist.

Die Computer Vision liegt an der Schnittstelle von Mathematik, Informatik, Physik und Psychologie. Ihr Ziel? Die Aufgaben zu automatisieren, die das menschliche Sehsystem erledigen kann. Das "Sehen" ist einfach; schließlich kann eine an einen Computer angeschlossene Kamera "sehen". Die Herausforderung besteht darin, das Gesehene zu interpretieren - den Inhalt eines Bildes oder eines Videobildes zu verstehen, Muster zu erkennen und visuelle Daten in einem Bruchteil einer Sekunde zu verarbeiten.

Bei der Computer Vision geht es im Wesentlichen darum, Computern beizubringen, die visuelle Welt zu "sehen" und zu interpretieren. Wenn Sie sich zum Beispiel ein Gruppenfoto ansehen, können Sie sofort Gesichter erkennen, sagen, wer glücklich oder traurig ist, oder sogar erraten, wo das Foto aufgenommen wurde. Das ist eine Menge an Verarbeitung und Interpretation, etwas, das wir Menschen instinktiv tun. Für einen Computer ist dies jedoch eine viel komplexere Aufgabe.

Warum? Weil Bilder für Computer nur Anordnungen von Pixelintensitätswerten sind. Ein Standardfarbbild besteht aus roten, grünen und blauen Kanälen, die jeweils Pixelintensitätswerte zwischen 0 und 255 aufweisen. Wenn wir über Computer Vision sprechen, geht es darum, diese Pixelwerte in sinnvolle Informationen umzuwandeln.

William Webb

Lassen Sie uns das ein wenig auspacken. Wenn wir Computern beibringen, Bilder zu interpretieren, wagen wir uns an eine Reihe faszinierender Aufgaben heran: Objekterkennung (Auffinden und Identifizieren mehrerer Objekte in einem Bild), Bildsegmentierung (Aufteilung eines Bildes in mehrere Segmente oder "Pixelsets", oft zur Lokalisierung von Objekten und Grenzen), Gesichtserkennung und sogar komplexe Szenenrekonstruktion.

Diese Reise erfordert ein tiefes Eintauchen in Algorithmen, von klassischen Methoden wie Kantenerkennungsalgorithmen wie Canny bis hin zu moderneren, auf maschinellem Lernen basierenden Ansätzen wie Convolutional Neural Networks (CNNs). Wir müssen unsere Zehen in die Bildklassifizierung eintauchen, die Grundlage der Computer Vision, bei der wir Computern beibringen, zu kategorisieren, was sie in einem Bild "sehen".

Computer Vision hat praktische Anwendungen, die praktisch jeden Aspekt unseres Lebens betreffen. Autonome Fahrzeuge beispielsweise nutzen die Computervision für die Navigation und die Erkennung von Objekten. In der medizinischen Bildgebung wird die Computervision zur Erkennung von Krankheiten und Anomalien eingesetzt. Sogar die Kamera Ihres Smartphones nutzt Computer Vision für Funktionen wie Porträtmodus und Nachtmodus!

Die steigende Flut von Deep Learning hat den Bereich der Computer Vision nur weiter vorangetrieben. Deep-Learning-Modelle, insbesondere Convolutional Neural Networks (CNNs), haben bei Bildklassifizierungsaufgaben hervorragende Leistungen gezeigt. Modelle wie AlexNet, VGG, GoogLeNet und ResNet haben die Grenzen des Möglichen verschoben und bemerkenswerte Ergebnisse bei Aufgaben wie Bildklassifizierung, Objekterkennung und semantischer Segmentierung erzielt.

In diesem Abschnitt werden wir uns mit diesen spannenden Aspekten, Methoden und Werkzeugen der Computer Vision beschäftigen. Wir werden einen Blick auf die grundlegenden Konzepte werfen, wie Bilder gespeichert und verarbeitet werden, auf die wesentlichen Algorithmen, die in der Computer Vision verwendet werden, und darauf, wie wir die Leistung des Deep Learning nutzen können, um visuelle Daten zu verarbeiten und zu verstehen.

Natürlich werden wir über die Theorie hinausgehen. Wir werden uns mit praktischen Anwendungen befassen und Ihnen dabei helfen, ein praktisches Verständnis für Computer-Vision-Techniken zu entwickeln.

anwendungen und beispiele aus der praxis

Schnallen Sie sich an, denn wir sind dabei, eine Reise in die reale Welt anzutreten, in der die Magie der Datenwissenschaft und der künstlichen Intelligenz die Industrie verändert und unser Leben auf unvorstellbare Weise prägt. Indem wir das Gelernte anwenden, können wir in zahlreichen Sektoren einen erheblichen Einfluss ausüben. Wir werden einige der prominentesten Beispiele erkunden, die diese Auswirkungen anschaulich illustrieren.

Beginnen wir unsere Erkundung mit dem Gesundheitswesen, einem Sektor, der einige der tiefgreifendsten Auswirkungen von Datenwissenschaft und KI erlebt hat. Stellen Sie sich beispielsweise ein System vor, das in der Lage ist, potenzielle Gesundheitsprobleme auf der Grundlage der Krankengeschichte, der genetischen Informationen und der Lebensgewohnheiten vorherzusagen. Das ist kein Hirngespinst, sondern eine Realität, die Leben verbessert und die Abläufe im Gesundheitswesen rationalisiert. KI-gesteuerte prädiktive Analysen im Gesundheitswesen ermöglichen nicht nur eine frühzeitige Erkennung von Krankheiten, sondern optimieren auch die Patientenversorgung. So können Algorithmen des maschinellen Lernens beispielsweise die Rückübernahmeraten von Krankenhäusern vorhersagen und so den Gesundheitsdienstleistern helfen, die Versorgung nach dem Krankenhausaufenthalt zu verbessern.

Wenn Sie sich in den Einzelhandelssektor begeben, werden Sie feststellen, dass Unternehmen Data Science für personalisiertes Marketing, Bestandsmanagement und die Analyse von Kundenstimmungen einsetzen. Online-Händler nutzen beispielsweise Empfehlungssysteme, die das Surfverhalten und die Kaufhistorie ihrer Kunden analysieren, um ihnen Produkte vorzuschlagen, die auf ihre Vorlieben zugeschnitten sind. Diese personalisierten Empfehlungen fördern die Kundenbindung und steigern den Umsatz erheblich.

Die Verkehrsbranche hat dank der Datenwissenschaft eine bedeutende Entwicklung durchgemacht. Autonome Fahrzeuge, die wohl die

Spitze der KI-Anwendung darstellen, stützen sich in hohem Maße auf Computer Vision, einen Zweig der KI, den wir in unseren früheren Abschnitten ausführlich besprochen haben. Darüber hinaus nutzen Fahrdienste wie Uber und Lyft die Datenwissenschaft zur Berechnung von Ankunftszeiten, Preiserhöhungen und optimalen Routen, was die Effizienz ihrer Dienstleistungen erheblich verbessert.

Im Finanzbereich spielen KI und Datenwissenschaft eine entscheidende Rolle bei der Betrugserkennung, dem Risikomanagement und dem Kundenservice. Algorithmen des maschinellen Lernens können in riesigen Datensätzen Muster erkennen, die menschliche Analysten übersehen könnten, und so betrügerische Aktivitäten oder Risikofaktoren mit viel größerer Genauigkeit und Geschwindigkeit identifizieren.

Die Medien- und Unterhaltungsbranche ist ein weiterer großer Nutznießer von Datenwissenschaft und KI. Content-Streaming-Dienste wie Netflix und Spotify nutzen fortschrittliche Empfehlungssysteme, um auf der Grundlage des Nutzerverhaltens Filme oder Songs vorzuschlagen und so die Nutzerbindung zu erhöhen. Sogar Nachrichtenagenturen nutzen KI für die automatische Erstellung von Inhalten, auch bekannt als Roboterjournalismus.

Auch in der Landwirtschaft sind KI und Datenwissenschaft auf dem Vormarsch. Prädiktive Analytik hilft bei der Vorhersage von Ernteerträgen, während maschinelles Lernen bei der Erkennung von Pflanzenkrankheiten hilft. Landwirte setzen Drohnentechnologie in Kombination mit KI für die Präzisionslandwirtschaft ein, was Produktivität und Nachhaltigkeit deutlich verbessert.

Vergessen wir nicht die Bildung - ein Bereich, in dem KI nicht nur ein Werkzeug, sondern ein Tutor ist. Adaptive Lernsysteme personalisieren Bildungsinhalte für jeden Lernenden, indem sie Themen verstärken, bei denen die Schüler Schwierigkeiten haben, und solche überspringen, die sie bereits beherrschen. Gleichzeitig hilft die prädiktive Analytik Bildungseinrichtungen dabei, die Leistungen der Schüler zu verbessern, indem sie diejenigen identifiziert, die Gefahr laufen, zurückzufallen.

Auch wenn diese Beispiele kaum an der Oberfläche kratzen, wie Data Science die Branchen revolutioniert, bieten sie doch einen Einblick in die transformative Kraft von KI und Data Science. Dieser Abschnitt soll

Ihnen als Inspirationsquelle und Motivation dienen, das Gelernte zu vertiefen und in realen Kontexten anzuwenden.

So wie wir gesehen haben, dass die Datenwissenschaft in verschiedenen Sektoren allgegenwärtig ist, sollten wir nicht vergessen, dass ihre wahre Stärke in der praktischen Anwendung liegt. Hier trifft die Theorie auf die Praxis, hier werden Ideen in greifbare Veränderungen umgewandelt. Suchen Sie auf Ihrem Weg in die Datenwissenschaft immer wieder nach Möglichkeiten, Ihr Wissen anzuwenden, Probleme zu lösen und etwas zu bewirken.

10 /
big data und
datentechnik

einführung in big data

NACHDEM WIR UNS mit den praktischen Anwendungen der Datenwissenschaft beschäftigt haben, wollen wir einen kleinen Abstecher in einen Bereich machen, der in unserer datengesteuerten Welt zu einem wesentlichen Bestandteil geworden ist. Willkommen in der Welt von Big Data.

Große Daten. Diesen Begriff haben Sie wahrscheinlich schon oft gehört, aber was bedeutet er wirklich? Verschaffen wir uns einen Überblick über dieses Konzept, indem wir es in mundgerechte, leicht verdauliche Stücke zerlegen.

In erster Linie bezieht sich Big Data auf unglaublich große Datensätze, die herkömmliche Datenverarbeitungssysteme einfach nicht verarbeiten können. Ob es sich um die Anzahl der Likes auf Social-Media-Plattformen, Finanztransaktionen im Nanosekundentakt oder Sensordaten von Millionen von IoT-Geräten handelt - Big Data ist überall um uns herum. Dabei geht es jedoch nicht nur um die schiere Menge an Daten. Big Data umfasst in der Regel drei Hauptmerkmale, die oft als die drei Vs bezeichnet werden: Volumen, Vielfalt und Geschwindigkeit.

Das Volumen bezieht sich, wie Sie sich denken können, auf die riesige Menge an Daten, die ständig erzeugt wird. Denken Sie daran, wie viele E-Mails Sie verschicken oder wie viele Fotos Sie mit Ihrem Smartphone aufnehmen. Nun multiplizieren Sie das mit Milliarden von Menschen, die dasselbe tun. Das ist das Volumen.

Die Vielfalt bezieht sich auf die vielen Datentypen, die es gibt. Es gibt strukturierte Daten wie Tabellenkalkulationen und Datenbanken, unstrukturierte Daten wie Videos, Bilder und Beiträge in sozialen Medien sowie halbstrukturierte Daten, die eine Art Mischung aus beidem darstellen. All diese verschiedenen Datentypen, die in großen Mengen anfallen, tragen zur "Vielfalt" von Big Data bei.

Geschwindigkeit ist die Geschwindigkeit, mit der neue Daten erzeugt werden und mit der sie sich bewegen. In der heutigen schnelllebigen digitalen Welt werden Daten schneller erzeugt, als man blinzeln kann. Von Echtzeit-Börsenkursen bis hin zu Live-Wetter-Updates - Datenströme mit hoher Geschwindigkeit sind ein wichtiger Bestandteil von Big Data.

Jetzt fragen Sie sich vielleicht: "Was ist das Besondere an Big Data?" Nun, der Wert von Big Data liegt in den Erkenntnissen, die sie liefern können. Wenn sie richtig gesammelt, analysiert und interpretiert werden, können Big Data Unternehmen helfen, bessere Entscheidungen zu treffen, Wissenschaftler neue Erkenntnisse zu gewinnen und sogar Regierungen ihre Dienstleistungen zu verbessern.

Die Arbeit mit Big Data ist jedoch nicht ohne Herausforderungen. Angesichts der Größe und Komplexität von Big Data sind spezielle Tools und Techniken für die Speicherung, Verarbeitung und Analyse erforderlich. An dieser Stelle kommen Technologien wie Hadoop, Spark und NoSQL-Datenbanken ins Spiel. Diese Tools sind darauf ausgelegt, die Komplexität von Big Data zu bewältigen, und ermöglichen es uns, unsere riesigen Datensätze zu speichern, zu verarbeiten und einen Mehrwert daraus zu ziehen.

Datenschutz und Sicherheit sind weitere wichtige Aspekte, die beim Umgang mit Big Data zu berücksichtigen sind. Da Big Data häufig die Erfassung und Analyse personenbezogener Daten beinhaltet, ist ein verantwortungsvoller Umgang mit diesen Daten unter Einhaltung rechtlicher und ethischer Standards unerlässlich. Auch Cybersicherheitsmaßnahmen sind wichtig, um diese Daten vor potenziellen Bedrohungen zu schützen.

Trotz dieser Herausforderungen machen die potenziellen Vorteile von

Big Data diese Technologie zu einem Eckpfeiler der modernen Datenwissenschaft. Sie ermöglichen es Unternehmen, ein tieferes Verständnis ihrer Kunden zu erlangen, helfen Fachleuten im Gesundheitswesen bei der Vorhersage von Krankheitsausbrüchen, versetzen Regierungen in die Lage, bessere Dienstleistungen anzubieten, und helfen sogar bei der Bekämpfung von Verbrechen und Betrug.

Alles in allem ist Big Data ein wichtiger Aspekt unserer datengesteuerten Welt. Ihr schierer Umfang, ihre Komplexität und ihr Erkenntnispotenzial verändern die Art und Weise, wie wir Entscheidungen treffen und die Welt um uns herum verstehen. Für angehende Datenwissenschaftler ist es von entscheidender Bedeutung, das Konzept von Big Data sowie die Tools und Techniken zu verstehen, die zur Nutzung ihrer Leistungsfähigkeit eingesetzt werden.

werkzeuge für big data: hadoop und spark

Nach unserem Ausflug in das Reich der großen Daten ist es nun an der Zeit, die Werkzeuge in die Hand zu nehmen, die den Umgang mit dieser riesigen Landschaft ermöglichen. Lassen Sie uns die Ärmel hochkrempeln und in zwei der beliebtesten Big-Data-Tools eintauchen - Hadoop und Spark.

Stellen Sie sich vor, Sie bekämen ein riesiges Puzzle mit Milliarden von Teilen in die Hand. Der Versuch, es allein zusammenzusetzen, wäre eine unüberwindbare Aufgabe. Aber was wäre, wenn Sie die Teile auf eine Gruppe von Freunden aufteilen könnten, von denen jeder an einem anderen Teil des Puzzles arbeitet, und dann alles zusammenfügen? Plötzlich wirkt das riesige Puzzle nicht mehr ganz so einschüchternd. Dies ist, kurz gesagt, das Prinzip von Hadoop.

Apache Hadoop, oft einfach als Hadoop bezeichnet, ist ein Open-Source-Software-Framework, das für die Verarbeitung und Speicherung großer Datenmengen in Computerclustern entwickelt wurde. Es basiert auf dem MapReduce-Programmiermodell, bei dem die "Map"-Phase die Daten sortiert und filtert und die "Reduce"-Phase sie zusammenfasst. Stellen Sie sich das so vor, als würden Sie unser Puzzle in überschaubare Teile zerlegen.

Der Zauber von Hadoop liegt in seiner verteilten Verarbeitung. Die

Daten werden auf mehrere Knoten aufgeteilt und gespeichert, und die Berechnungen werden dort durchgeführt, wo sich die Daten befinden. Dadurch entfällt die zeitraubende Aufgabe, große Datenmengen über das Netzwerk zu bewegen. Im Grunde bringt Hadoop die Berechnungen zu den Daten und nicht umgekehrt.

Das Hadoop-Framework besteht aus zwei Schlüsselkomponenten: dem Hadoop Distributed File System (HDFS) und dem MapReduce-Verarbeitungsmodul. HDFS bietet einen durchsatzstarken Zugriff auf Anwendungsdaten und ist für große Cluster von Standardservern ausgelegt, während die MapReduce-Engine die Verarbeitung dieser verteilten Daten ermöglicht.

Kommen wir nun zu dem auffälligeren, jüngeren Geschwister von Hadoop - Apache Spark. Spark wird oft als das schnellere und fortschrittlichere Big-Data-Tool gepriesen. Wie Hadoop kann es große Datensätze in einer verteilten Computerumgebung verarbeiten und analysieren. Das wichtigste Verkaufsargument von Spark ist jedoch die Geschwindigkeit.

Spark erreicht seine beeindruckenden Geschwindigkeiten durch In-Memory-Verarbeitung, d. h. es speichert Daten im Arbeitsspeicher der Server, was einen schnelleren Zugriff und eine schnellere Analyse ermöglicht. Im Gegensatz dazu liest und schreibt Hadoop von der Festplatte, was langsamer sein kann. Das soll nicht heißen, dass Spark Hadoop ersetzt. Tatsächlich arbeiten sie oft zusammen, wobei Spark auf Hadoop läuft und HDFS für die Datenspeicherung nutzt.

Abgesehen von seiner Geschwindigkeit glänzt Spark auch durch seine Flexibilität. Es verfügt über integrierte Module für SQL, Streaming, maschinelles Lernen und Graphenverarbeitung, was es zu einem vielseitigen Werkzeug für eine Vielzahl von Big-Data-Anwendungen macht.

Beide Tools haben jedoch ihre eigenen Vor- und Nachteile. Die plattenbasierte Speicherung von Hadoop ist kosteneffizienter für die Speicherung großer Datensätze, und das robuste Ökosystem und die breite Unterstützung der Community sind nicht zu übersehen. Auf der anderen Seite ist Spark durch seine In-Memory-Verarbeitung ideal für Anwendungen, die Echtzeit-Analysen, maschinelles Lernen oder iterative Algorithmen erfordern.

Die Entscheidung für eine der beiden Varianten hängt weitgehend von Ihren spezifischen Anforderungen und Einschränkungen ab. Wenn Sie mit Daten im Petabyte-Bereich zu tun haben und das Budget eine Rolle spielt, könnte die kosteneffiziente Speicherung von Hadoop die richtige Wahl sein. Wenn jedoch Geschwindigkeit und fortschrittliche Analysen im Vordergrund stehen, könnte Spark das Tool Ihrer Wahl sein.

Das Navigieren in der Welt der Big Data kann ein wenig überwältigend erscheinen, ähnlich wie unser hypothetisches Puzzle. Aber genauso wie wir das Puzzle Stück für Stück angehen würden, nähern wir uns Big Data Stück für Stück und verwenden die richtigen Werkzeuge für die jeweilige Aufgabe.

die rolle eines dateningenieurs in einem data science team

Heute wollen wir uns einen integralen Bestandteil eines jeden Data-Science-Teams genauer ansehen - den Data Engineer. Jetzt denken Sie vielleicht: "Moment mal, ich dachte, wir konzentrieren uns auf Data Science!" Das stimmt zwar, aber Data Engineering ist ein oft übersehener, aber unglaublich wichtiger Teil des Data-Science-Prozesses.

Man kann sich einen Data Engineer als den Meisterarchitekten und Baumeister vorstellen, der das solide Fundament schafft, auf dem das Data-Science-Team seine analytischen Meisterwerke aufbaut. Ohne die sorgfältige Arbeit der Dateningenieure würden sich die Datenwissenschaftler knietief in einem Datenchaos wiederfinden, das schwer zu navigieren und zu analysieren ist.

Was genau ist die Aufgabe eines Dateningenieurs? Einfach ausgedrückt: Ein Data Engineer erstellt und pflegt die Systeme, die den Datenfluss ermöglichen. Er ist verantwortlich für die Erstellung der Pipelines (treffend "Datenpipelines" genannt), die Daten aus verschiedenen Quellen in eine Form bringen, in der sie analysiert werden können.

Stellen Sie sich vor, Sie wollen ein Schwimmbecken füllen, haben aber nur eine Sammlung von kleinen Wasserflaschen. Der Versuch, das Becken zu füllen, indem man jede Wasserflasche einzeln entleert, wäre ein mühsamer und langsamer Prozess. Stellen Sie sich stattdessen vor, Sie könnten ein Rohrsystem entwerfen, das das Wasser direkt aus einem

nahe gelegenen See in das Becken leitet. Das ist es, was ein Dateningenieur mit Daten macht.

Ein Dateningenieur entwirft, erstellt und pflegt die Datenarchitektur,
Datenbanken und Verarbeitungssysteme, zu denen auch die Back-End-
Datenanalysesysteme und die Datenpipelines gehören. Sie extrahieren
Daten aus verschiedenen Quellen, wandeln sie um (oft bereinigen und
reichern sie die Daten an) und laden sie in diese Systeme, ein Prozess,
der als ETL (Extract, Transform, Load) bekannt ist. Sie sorgen dafür, dass
große Datenmengen effizient, zeitnah und genau verarbeitet und für die
Analyse vorbereitet werden.

Aber die Rolle eines Dateningenieurs hört damit nicht auf. Er sorgt
auch dafür, dass diese Systeme zuverlässig, skalierbar und robust sind
und die ständig wachsenden Datenmengen, mit denen moderne Unternehmen zu tun haben, verarbeiten können. Dies erfordert fundierte
Kenntnisse von Big-Data-Technologien und -Tools wie Hadoop, Spark
und NoSQL-Datenbanken sowie ausgeprägte Software-Engineering-
Fähigkeiten, um bei Bedarf individuelle Lösungen zu entwickeln.

Dateningenieure sind auch dafür verantwortlich, dass die Daten
zugänglich und sicher sind. Sie müssen Systeme entwerfen, die einen
einfachen Zugang zu den Daten für die Analyse ermöglichen und gleichzeitig sicherstellen, dass sensible Informationen geschützt sind und alle
Data-Governance- und Compliance-Standards erfüllt werden.

In einem Data-Science-Team bildet die Arbeit des Data Engineers die
Grundlage für alle weiteren Analysen. Denn wenn die Daten nicht
korrekt erfasst, gespeichert und aufbereitet werden, sind die daraus
gewonnenen Erkenntnisse wahrscheinlich fehlerhaft oder irreführend.
Ihre Arbeit unterstützt nicht nur Datenwissenschaftler, sondern auch
Datenanalysten und Business-Intelligence-Fachleute, indem sie ihnen die
Daten zur Verfügung stellen, die sie für ihre Arbeit benötigen.

Im Grunde genommen sind Data Engineers so etwas wie die unbe-
sungenen Helden der Datenwissenschaft. Sie stehen vielleicht nicht so
oft im Rampenlicht wie Datenwissenschaftler, aber ihre Arbeit spielt eine
entscheidende Rolle bei der Ermöglichung einer effektiven Datenanalyse. Sie sorgen für einen reibungslosen Datenfluss und stellen sicher,
dass jeder im Team seine Arbeit bestmöglich erledigen kann.

zeitreihen und prognosen

verstehen von zeitreihendaten

HEUTE WERDEN wir in die Welt der Zeitreihendaten eintauchen - eine wichtige Art von Daten, die an so vielen Stellen auftauchen, von Börsentrends bis zu Wettermustern und von Herzfrequenzmessungen bis zum Website-Verkehr.

Zeitreihendaten sind, wie der Name schon sagt, eine Reihe von Datenpunkten, die in zeitlicher Reihenfolge aufgelistet sind. Sie sind wie ein Tagebuch, das die Natur, Menschen oder Maschinen führen und in dem aufgezeichnet wird, was zu jedem Zeitpunkt geschieht. Jeder Eintrag in diesem Tagebuch ist mit einem Zeitstempel versehen, d. h. er ist mit einem bestimmten Zeitpunkt verknüpft. Diese zeitliche Ordnung unterscheidet Zeitreihendaten von anderen Datentypen und macht ihre Analyse zu einer einzigartigen Herausforderung und Faszination.

Nehmen wir zur Veranschaulichung ein Einzelhandelsgeschäft, das jeden Tag seine Verkäufe aufzeichnet. Jeden Tag protokolliert das Geschäft, wie viele Artikel verkauft wurden. Dieser Satz täglicher Verkaufszahlen bildet eine Zeitreihe. Anhand dieser Zeitreihendaten kann das Geschäft Muster und Trends im Laufe der Zeit beobachten, Zeiten mit hohem und niedrigem Umsatz erkennen und datengestützte Entscheidungen zur Umsatzsteigerung treffen.

Ein wichtiger Aspekt von Zeitreihendaten ist, dass sie sequenziell sind. Die Reihenfolge der Datenpunkte ist von Bedeutung, und die Korrelation zwischen einem Punkt und den Punkten davor und danach ist oft signifikant. Durch dieses Merkmal unterscheiden sich Zeitreihendaten grundlegend von Querschnittsdaten, bei denen jeder Datenpunkt unabhängig ist.

In der Welt der Datenwissenschaft ist die Zeitreihenanalyse ein ganzer Bereich für sich. Sie umfasst verschiedene Techniken zur Analyse von Zeitreihendaten, um aussagekräftige Statistiken und andere Merkmale zu ermitteln. Es geht darum, die Vergangenheit zu verstehen, die Gegenwart zu analysieren und die Zukunft vorherzusagen.

Nehmen wir zum Beispiel eine Zeitreihe der täglichen Temperaturen in einer Stadt. Mit Hilfe der Zeitreihenanalyse könnten wir feststellen, ob es im Laufe der Jahre einen Trend zur Erwärmung oder Abkühlung gibt. Oder wir könnten Muster innerhalb eines Jahres erkennen, z. B. welche Monate tendenziell die wärmsten oder kältesten sind. Wir könnten sie auch nutzen, um zukünftige Temperaturen vorherzusagen.

Zwei wesentliche Konzepte der Zeitreihenanalyse sind "Trend" und "Saisonalität". Ein Trend ist ein langfristiger Anstieg oder Rückgang in den Daten. Er muss nicht zwangsläufig linear sein, und manchmal können wir eine Reihe von Anstiegen und Rückgängen beobachten, die dennoch eine allgemeine Richtung erkennen lassen. Saisonalität hingegen ist ein Muster, das sich in regelmäßigen Abständen wiederholt, wie der Wechsel der Jahreszeiten oder der Zyklus von Tag und Nacht.

Aber die Magie der Zeitreihenanalyse hört hier nicht auf. Sie kann uns auch helfen, Anomalien zu erkennen - Zeitpunkte, an denen sich Daten ungewöhnlich verhalten. Das Erkennen dieser Anomalien kann in verschiedenen Zusammenhängen entscheidend sein, von der Aufdeckung von Betrug bei Finanztransaktionen bis hin zur Identifizierung von Systemfehlern in Maschinenprotokollen.

Nun fragen Sie sich vielleicht, wie wir in der Praxis mit Zeitreihendaten umgehen? Python, das Schweizer Taschenmesser der Datenwissenschaft, kommt einmal mehr zur Rettung. Bibliotheken wie Pandas erleichtern den Umgang mit Zeitreihendaten, und Bibliotheken wie statsmodels und Prophet helfen bei der Analyse.

Die Zeitreihenanalyse hat jedoch ihre Tücken. Oft muss man sich mit Rauschen und Unsicherheit auseinandersetzen. Die Daten können auch fehlende Punkte enthalten, oder das Muster kann sich im Laufe der Zeit ändern, ein Phänomen, das als Konzeptdrift bekannt ist.

Doch trotz dieser Herausforderungen sind die Vorteile, die sich aus dem Verständnis von Zeitreihendaten ergeben, immens. Es handelt sich um eine Art von Daten, die die Geschichte der Entwicklung und Veränderung von Dingen kodieren. Wenn wir lernen, sie zu analysieren, können wir die Welt besser verstehen, Vorhersagen treffen und unsere Entscheidungen auf Daten stützen.

techniken für zeitreihenprognosen

In unserem letzten Abschnitt haben wir die faszinierende Welt der Zeitreihendaten erkundet und ihre Bedeutung und Herausforderungen verstanden. Heute werden wir tiefer in die Schatztruhe der Zeitreihenanalyse eintauchen und Zeitreihenvorhersagetechniken diskutieren. Diese Methoden sind leistungsstarke Werkzeuge in Ihrem Data-Science-Arsenal, mit denen Sie auf der Grundlage von Daten aus der Vergangenheit Vorhersagen für die Zukunft treffen können. Lassen Sie uns eintauchen!

Prognosen sind eine entscheidende Komponente der Entscheidungsfindung in einer Vielzahl von Bereichen. Wirtschaftswissenschaftler prognostizieren Markttrends, Meteorologen sagen Wettermuster voraus, Unternehmen prognostizieren Umsätze und Erträge - die Liste ist endlos. Im Zentrum all dieser Aktivitäten stehen oft Zeitreihendaten und leistungsstarke Prognosemethoden, die historische Informationen in zukünftige Erkenntnisse umwandeln.

Die erste Technik, die wir besprechen werden, ist der gleitende Durchschnitt. Kurz gesagt, wird bei einer gleitenden Durchschnittsprognose der Durchschnitt der letzten Datenpunkte verwendet, um den nächsten Punkt vorherzusagen. Sie ist einfach, aber effektiv, wenn Ihre Zeitreihendaten relativ stabil sind und keine starken Trends oder saisonalen Muster aufweisen.

Als nächstes kommt die Methode der exponentiellen Glättung zum Einsatz. Bei dieser Technik werden zwar immer noch die jüngsten Datenpunkte gemittelt, doch werden ihnen mit zunehmendem Alter exponentiell abnehmende Gewichte zugewiesen. Der Vorteil dieser Methode ist, dass ältere Daten allmählich "vergessen" werden, wodurch das Modell besser auf aktuelle Veränderungen reagieren kann.

Weisen Ihre Daten jedoch einen Trend oder eine Saisonalität auf, benötigen Sie möglicherweise eine ausgefeiltere Methode, wie die Holt-Winters-Methode. Diese Technik erweitert die exponentielle Glättung, um diese zusätzlichen Muster in den Daten zu erfassen.

Wenn wir nun die großen Geschütze für Prognosen auffahren müssen, sprechen wir von ARIMA - AutoRegressive Integrated Moving Average. Diese Methode ist eine Kombination aus Autoregression (Modellierung des nächsten Schritts in der Sequenz als lineare Funktion der Beobachtungen in früheren Zeitschritten), Differenzierung (zur Entfernung von Trend und Saisonalität) und gleitendem Durchschnittsmodell. Es ist ein flexibler und robuster Ansatz, der jedoch ein gutes Verständnis Ihrer Daten und eine sorgfältige Abstimmung erfordert.

Wenn wir uns mit moderneren Methoden befassen, lernen wir den Propheten kennen, ein von Facebook entwickeltes Prognosetool. Der Prophet wurde entwickelt, um die üblichen Merkmale von Geschäftszeitreihen wie Trends, Saisonalität und Feiertage zu verarbeiten, was ihn zu einem leistungsstarken Werkzeug für verschiedene reale Prognoseaufgaben macht.

Doch die Zeitreihenprognose ist nicht auf traditionelle statistische Methoden beschränkt. Auch das maschinelle Lernen kann eine Rolle spielen. Regressionsmodelle können an die Aufgaben der Zeitreihenprognose angepasst werden, ebenso wie fortgeschrittenere Techniken wie Support Vector Machines und Random Forests.

Im Bereich des Deep Learning gibt es rekurrente neuronale Netze (RNNs), die ausdrücklich für die Verarbeitung sequentieller Daten konzipiert sind. Ein besonders leistungsfähiger Typ von RNN ist das Long Short-Term Memory (LSTM)-Netzwerk. LSTM-Netzwerke können langfristige Abhängigkeiten erlernen, was sie für viele Probleme der Zeitreihenprognose sehr effektiv macht.

Die Wahl der Prognosetechnik hängt oft von den Besonderheiten Ihrer Daten und der Art Ihrer Prognoseaufgabe ab. Eine Größe passt nicht für alle. Denken Sie daran, dass es immer wichtig ist, zuerst Ihre Daten zu verstehen und dann Ihr Modell entsprechend auszuwählen und abzustimmen.

Es ist erwähnenswert, dass all diese Methoden, von gleitenden Durchschnitten bis zu LSTM-Netzen, in Python verfügbar sind. Bibliotheken wie statsmodels, scikit-learn und Keras bieten umfassende Tools zur Bewältigung dieser Aufgaben.

Im Grunde genommen ist die Zeitreihenprognose eine Reise vom Verständnis der Vergangenheit zur Vorhersage der Zukunft. Der Weg kann zwar kurvenreich und voller Herausforderungen sein, aber der Blick auf das Ziel ist es wert. Die Fähigkeit, einen Blick in die Zukunft zu werfen, wenn auch nur unvollkommen, ist ein mächtiges Instrument, das die Entscheidungsfindung auf unzählige Arten unterstützen kann.

praktische anwendung: zeitreihenanalyse mit python

Bisher haben wir uns mit der Theorie hinter der Zeitreihenprognose beschäftigt. Jetzt ist es an der Zeit, die Ärmel hochzukrempeln, in Python-Code einzutauchen und diese Konzepte in Aktion zu erleben. Schließlich geht es bei der Datenwissenschaft nicht nur um das Verstehen, sondern auch um das Tun. Sind Sie bereit? Fangen wir an!

Um mit der Zeitreihenanalyse in Python zu beginnen, müssen wir zunächst ein paar Bibliotheken importieren. Wir brauchen pandas für die Datenverarbeitung, numpy für numerische Operationen, matplotlib und seaborn für die Datenvisualisierung und schließlich statsmodels für die Zeitreihenanalyse selbst. Lassen Sie uns diese importieren:

```python
import pandas as pd
numpy als np importieren
import matplotlib.pyplot as plt
seaborn als sns importieren
from statsmodels.tsa.arima_model import ARIMA
from statsmodels.tsa.seasonal import seasonal_decompose
```

Also gut, laden wir einige Zeitreihendaten. Für dieses Beispiel verwenden wir den beliebten Datensatz "AirPassengers", der die Gesamtzahl der Flugpassagiere für jeden Monat von 1949 bis 1960 enthält.

William Webb

```python
df = pd.read_csv('AirPassengers.csv', parse_dates = ['Month'],
index_col = ['Month'])
```

Wir verwenden "parse_dates", um Pandas anzuweisen, die Spalte "Monat" als Datum zu interpretieren, und "index_col", um "Monat" als Index unseres Datenrahmens zu verwenden, was für die Zeitreihenanalyse erforderlich ist.

Nachdem die Daten geladen sind, können wir mit der Funktion "head()" einen kurzen Blick darauf werfen:

```python
print(df.head())
```

Okay, jetzt wollen wir unsere Daten mit Matplotlib visualisieren:

```python
plt.figure(figsize=(10,6))
plt.plot(df.index, df['#Passagiere'], '--', marker='*',)
plt.grid()
plt.xlabel('Jahr')
plt.title('Flugpassagiere von 1949 bis 1960')
plt.show()
```

Jetzt haben wir ein schönes Diagramm, das den Trend und die Saisonalität in unseren Daten zeigt.

Als Nächstes wollen wir unsere Zeitreihe zerlegen, um den Trend, die Saisonalität und die Residuen deutlicher zu beobachten. Dazu können wir die Funktion `seasonal_decompose` aus der Bibliothek `statsmodels` verwenden.

```python
decompose = seasonal_decompose(df['#Passengers'])
trend = zersetzung.trend
saisonal = zersetzung.saisonal
residual = decomposition.resid
plt.figure(figsize=(12,8))
plt.subplot(411)
plt.plot(df['#Passagiere'], label='Original')
```

```python
plt.subplot(412)
plt.plot(trend, label='Trend')
plt.subplot(413)
plt.plot(saisonal,label='Saisonalität')
plt.subplot(414)
plt.plot(residual, label='Residuals')
plt.tight_layout()
plt.show()
```

Nun wollen wir uns mit der Prognose befassen. Wir werden das ARIMA-Modell verwenden, eine der gängigsten Methoden für Zeitreihenprognosen.

Zunächst müssen wir die optimalen Parameter für unser ARIMA-Modell finden. Dies beinhaltet die Auswahl der besten Werte für "p", "d" und "q", die die Reihenfolge der autoregressiven, differenzierenden und gleitenden Durchschnittsanteile des Modells darstellen. Dies geschieht häufig mit Hilfe der Autokorrelations- und Teilautokorrelationsdiagramme, aber der Einfachheit halber verwenden wir (2,1,0) als unsere Parameter.

```python
model = ARIMA(df['#Passagiere'], order=(2,1,0))
model_fit = model.fit(disp=0)
```

Nachdem wir unser Modell angepasst haben, können wir Prognosen erstellen. In diesem Fall prognostizieren wir die nächsten 2 Jahre, also 24 Schritte im Voraus.

```python
Prognose = model_fit.forecast(steps = 24)
```

Jetzt können wir die prognostizierten Daten neben die ursprünglichen Daten:

```python
plt.figure(figsize=(10,6))
plt.plot(df.index, df['#Passagiere'], '--', marker='*',)
plt.plot(pd.date_range(df.index[-1], periods = 24, freq='M'), forecast[0], color = 'red')
```

```
plt.grid()
plt.xlabel('Jahr')
plt.title('Airline-Passagiere von 1949 bis 1960 mit Vorhersage')
plt.show()
```

Und da haben wir es! Wir haben mit Python eine Zeitreihenanalyse und -prognose für den Datensatz "AirPassengers" durchgeführt.

Es ist zu bedenken, dass die Zeitreihenanalyse ein komplexer Prozess sein kann. Es gibt viele Faktoren, die zu berücksichtigen sind, und viele Entscheidungen, die auf dem Weg dorthin getroffen werden müssen. Während wir hier das ARIMA-Modell verwendet haben, gibt es viele andere Modelle und Techniken, die je nach den spezifischen Merkmalen Ihrer Zeitreihendaten in Betracht kommen.

12 /
empfehlende
systeme

die theorie hinter recommender systems

WIR WENDEN uns jetzt einem faszinierenden und oft unterschätzten Teil des Puzzles der Datenwissenschaft zu - Empfehlungssystemen. Was fällt Ihnen als erstes ein, wenn ich Empfehlungssysteme erwähne? Netflix-Filmvorschläge? Amazon Produktempfehlungen? Oder ist es vielleicht die unheimliche Fähigkeit von Spotify, Ihnen einen Song vorzuschlagen, von dem Sie gar nicht wussten, dass Sie ihn brauchen? Diese Systeme sind zu einem festen Bestandteil unseres digitalen Lebens geworden und leiten uns auf subtile Weise durch eine Welt voller überwältigender Auswahlmöglichkeiten. Aber was ist die Magie dahinter? Lassen Sie uns dieses Geheimnis gemeinsam lüften.

Empfehlungssysteme sind Datenfilter, die mithilfe von Algorithmen die Vorliebe oder das Interesse eines Nutzers an einem bestimmten Artikel oder Produkt vorhersagen. Sie sind Schlüsselelemente in modernen E-Commerce- und Medienplattformen und helfen bei der Bereitstellung von personalisierten Inhalten und Angeboten für die Nutzer. Indem sie ein individuelles Erlebnis schaffen, erhöhen Empfehlungssysteme nicht nur die Zufriedenheit der Nutzer, sondern steigern auch den Umsatz und die Kundenbindung der Unternehmen.

Aber wie schaffen es diese Systeme, so genaue Vorhersagen zu treffen? Das ist keine Zauberei, mein Freund, sondern ein wunderbares

Zusammenspiel von Mathematik und Computerwissenschaft. Um dies zu verstehen, müssen wir uns mit den beiden Haupttypen von Empfehlungssystemen befassen: Collaborative Filtering (CF) und Content-Based Filtering (CB).

Collaborative Filtering ist eine Methode, die die Interaktionen zwischen Nutzern und Objekten analysiert. Es ist so, als würde man einen Freund, der einen ähnlichen Geschmack hat, um eine Buchempfehlung bitten. Die Hauptannahme dabei ist, dass Nutzer, die in der Vergangenheit zugestimmt haben, auch in Zukunft zustimmen werden. CF kann benutzerbasiert sein, d. h. die Empfehlungen basieren auf Benutzern, die Ihnen ähnlich sind, oder artikelbasiert, d. h. die Empfehlungen basieren auf Artikeln, die denen ähnlich sind, die Sie mögen.

Nutzerbasierter CF beruht auf dem Prinzip, dass zwei Nutzer, die sich in einer Sache einig sind, sich wahrscheinlich auch in Zukunft einig sein werden. Wenn Benutzer A und Benutzer B dieselben Bücher mochten und Benutzer B ein anderes Buch mochte, das Benutzer A noch nicht gelesen hat, wird das System Benutzer A dieses Buch empfehlen. Das ist so, als würde ein Freund, der den gleichen Filmgeschmack hat wie Sie, einen Film empfehlen, den er gerade gesehen hat und der ihm gefallen hat.

Im Gegensatz dazu konzentriert sich die objektbezogene CF auf die Beziehungen zwischen den Objekten. Es geht darum, Muster im Nutzerverhalten zu erkennen, um Ähnlichkeiten zwischen verschiedenen Artikeln zu finden. Wenn Nutzer, die einen bestimmten Typ von Laufschuhen gekauft haben, auch dazu neigen, eine bestimmte Marke von Laufsocken zu kaufen, wird das System anderen Nutzern, die die gleichen Schuhe gekauft haben, diese Socken empfehlen.

Wenden wir uns nun der inhaltsbasierten Filterung zu. Diese Methode stützt sich eher auf die Eigenschaften der Objekte als auf die Interaktion zwischen Benutzer und Objekt. Es ist, als würden Sie einen Bibliothekar um eine Buchempfehlung bitten, die auf der Tatsache beruht, dass Sie Fantasy-Romane mögen. Das System würde Ihnen dann andere Fantasy-Bücher vorschlagen, die Sie lesen können.

Bei der inhaltsbasierten Filterung wird für jedes Element ein Profil erstellt, indem es als eine Reihe von Deskriptoren dargestellt wird, wie z. B. die Wörter in einem Dokument, das Genre eines Films oder die Kategorie eines Produkts. Anschließend werden diese Artikelprofile mit dem Profil eines Nutzers abgeglichen, das sich aus seinen Vorlieben und seinem bisherigen Verhalten zusammensetzt, um Artikel zu empfehlen, die dem Profil des Nutzers am ehesten entsprechen.

Natürlich gibt es noch eine dritte Art von Empfehlungssystemen, die beide Ansätze miteinander kombiniert und passenderweise Hybrid Recommender Systems genannt werden. Sie zielen darauf ab, die Stärken von CF und CB zu nutzen und gleichzeitig ihre Schwächen zu kompensieren. Netflix beispielsweise verwendet in seiner Empfehlungsmaschine ein hybrides Modell, das sowohl kollaboratives als auch inhaltsbasiertes Filtern beinhaltet.

Die Magie von Empfehlungssystemen besteht nicht darin, ein Kaninchen aus dem Hut zu zaubern. Sie liegt in der faszinierenden Welt der Muster, Ähnlichkeiten und Daten, die uns umgibt. Von Ähnlichkeiten zwischen Nutzern bis hin zu Interaktionen zwischen Nutzern und Artikeln weben diese Systeme ein komplexes Geflecht, das uns auf subtile Weise durch unsere digitale Reise führt. Und obwohl sie auf den ersten Blick komplex erscheinen mögen, hoffe ich, dass unsere heutige Diskussion etwas Licht auf ihre Funktionsweise hinter den Kulissen geworfen hat.

aufbau eines einfachen empfehlungssystems

In unserem letzten Abschnitt sind wir in die faszinierende Welt der Empfehlungssysteme eingetaucht und haben die zugrunde liegenden Konzepte und Techniken untersucht. Jetzt ist es an der Zeit, die Ärmel hochzukrempeln und die Theorie in die Praxis umzusetzen. Ja, Sie haben es erraten! Heute werden wir unser eigenes, einfaches Empfehlungssystem bauen. Dies ist ein aufregender Meilenstein auf unserer Reise durch die Datenwissenschaft, und ich freue mich, Sie dabei begleiten zu dürfen.

Bevor wir in See stechen, sollten wir sicherstellen, dass wir alle notwendigen Werkzeuge haben. Zum Aufbau unseres Empfehlungssystems werden wir Python verwenden, eine leistungsstarke und vielseitige Programmiersprache, die bei Datenwissenschaftlern sehr beliebt ist. Wir werden auch die Leistungsfähigkeit von pandas, einer beliebten Bibliothek zur Datenmanipulation, und scikit-learn, einer umfassenden Bibliothek für maschinelles Lernen, nutzen. Wenn Sie diese Bibliotheken noch nicht installiert haben, können Sie dies mit pip, dem Paketmanager von Python, tun.

Lassen Sie uns zunächst mit den Grundlagen beginnen. Was braucht ein Empfehlungssystem? Im Kern braucht es Daten, insbesondere Interaktionen zwischen Nutzern und Objekten. Für unsere Reise verwenden wir einen einfachen Datensatz mit Filmbewertungen von Nutzern. Sie können diesen Datensatz von der MovieLens-Website herunterladen oder jeden anderen Datensatz verwenden, der aus Nutzer-Element-Interaktionen besteht.

Lassen Sie uns unsere Daten mit Pandas laden und einen Blick darauf werfen:

```python
import pandas as pd
Bewertungen = pd.read_csv('Bewertungen.csv')
print(ratings.head())
```

Sobald die Daten geladen sind, wird im nächsten Schritt die durchschnittliche Bewertung für jeden Film berechnet. So erhalten wir eine allgemeine Vorstellung von der allgemeinen Rezeption der Filme.

```python
durchschnittliche_Bewertungen = ratings.groupby('movieId')['rating'].mean()
print(durchschnittliche_Bewertungen.head())
```

In einem nächsten Schritt berechnen wir die Anzahl der Bewertungen, die jeder Film erhalten hat. Dies ist ein wichtiger Schritt, denn die Durchschnittsbewertung allein kann irreführend sein. Ein Film mit einer durchschnittlichen Bewertung von 5 Sternen ist nicht beeindruckend, wenn er nur von einer Person bewertet wurde!

```python
count_ratings = ratings.groupby('movieId')['rating'].count()
print(count_ratings.head())
```

Da wir nun die durchschnittlichen Bewertungen und die Anzahl der

Bewertungen haben, erstellen wir einen neuen DataFrame, um diese Werte zu speichern:

```python
ratings_stats = pd.DataFrame({
AverageRating': durchschnittliche_Bewertungen,
NumberOfRatings': Anzahl_Bewertungen
})
print(ratings_stats.head())
```

Bislang haben wir ein einfaches System erstellt, das die Filme mit den höchsten Bewertungen empfiehlt. Wir wollen das System jedoch etwas differenzierter gestalten, indem wir sowohl die durchschnittliche Bewertung als auch die Anzahl der Bewertungen berücksichtigen. Wir werden eine gewichtete Bewertung definieren, die Filmen mit mehr Bewertungen mehr Bedeutung beimisst.

```python
v = ratings_stats['NumberOfRatings']
R = ratings_stats['AverageRating']
C = ratings_stats['AverageRating'].mean()
m = ratings_stats['NumberOfRatings'].quantile(0.70)
ratings_stats['WeightedRating'] = (v / (v + m) * R) + (m / (m + v) * C)
```

Schließlich sortieren wir unseren DataFrame auf der Grundlage der gewichteten Bewertung und voila, wir haben ein einfaches Empfehlungssystem!

```python
recommended_movies = ratings_stats.sort_values('WeightedRating',
ascending=False)
print(empfohlene_Filme.head())
```

Puh! Das war eine Reise, nicht wahr? Gemeinsam haben wir ein theoretisches Konzept in ein greifbares Stück Code verwandelt. Es ist, als würde man ein Rezept nehmen und es in ein köstliches Gericht verwandeln.

Dieses Empfehlungssystem ist zwar recht einfach, aber es dient als solide Grundlage. Im weiteren Verlauf können wir komplexere Techniken einbauen und unser System feiner abstimmen, um verschiedenen Geschmäckern und Vorlieben gerecht zu werden.

fortgeschrittene empfehlungssysteme: kollaboratives filtern und deep learning

Nach unseren praktischen Erfahrungen beim Aufbau eines grundlegenden Empfehlungssystems sind wir bereit, die Feinheiten fortgeschrittener Empfehlungssysteme zu erforschen. In diesem Abschnitt werden wir uns mit zwei leistungsstarken Konzepten befassen: Kollaboratives Filtern und Deep Learning. Bereit zum Eintauchen? Prima, dann fangen wir an!

Ein Empfehlungssystem ist ein ausgeklügeltes Instrument, das Informationen filtert, um vorherzusagen, was einem Nutzer gefallen könnte oder nicht. Unter den zahlreichen Techniken zum Aufbau dieser Systeme ist die kollaborative Filterung (CF) eine der beliebtesten. Kurz gesagt, CF sagt die Interessen eines Benutzers voraus, indem es die Präferenzen vieler Benutzer sammelt. Stellen Sie sich das so vor, als würden Sie Ihre Freunde um Filmempfehlungen bitten, nur in einem viel, viel größeren Maßstab.

CF kann in zwei Arten unterteilt werden: Nutzerbasiert und objektbasiert. Nutzerbasierter CF empfiehlt Artikel, indem er Nutzer findet, die dem Zielnutzer ähnlich sind. Stellen Sie sich das so vor: "Menschen, die Ihnen ähnlich sind, mochten diese Artikel auch, also könnten Sie das auch! Die artikelbasierte CF hingegen empfiehlt Artikel, die den Artikeln ähnlich sind, die dem Nutzer bereits gefallen haben. Dies ist vergleichbar mit der Aussage: "Da dir dieser Artikel gefallen hat, könnten dir auch diese ähnlichen Artikel gefallen."

Kommen wir nun zu unserem nächsten Thema: Deep Learning. Wir haben alle schon von diesem Schlagwort gehört, nicht wahr? Einfach ausgedrückt ist Deep Learning ein Teilbereich des maschinellen Lernens, bei dem neuronale Netze aus großen Datenmengen lernen. Deep Learning kann Empfehlungssysteme dabei unterstützen, komplexere Muster zu erfassen und genauere Empfehlungen zu geben.

Nun wollen wir sehen, wie wir diese Techniken in unserem Empfehlungssystem einsetzen können.

Zunächst wollen wir uns die Implementierung von CF mit der Surprise-Bibliothek in Python ansehen:

```python
von surprise import KNNBasic
from surprise import Dataset
from surprise import Leser
from surprise.model_selection import cross_validate
# Laden der Daten
Leser = Leser(rating_scale=(1, 5))
data = Dataset.load_from_df(ratings[['userId', 'movieId', 'rating']], reader)
# Benutzerbasierte kollaborative Filterung verwenden
algo = KNNBasic(sim_options={'user_based': True})
# 5-fache Kreuzvalidierung durchführen und Ergebnisse drucken
cross_validate(algo, data, measures=['RMSE', 'MAE'], cv=5, verbose=True)
```

Für Deep Learning können wir die leistungsstarke Keras-Bibliothek verwenden, um ein einfaches Deep-Learning-Modell zu erstellen. Beachten Sie, dass dies mehr Rechenleistung erfordert und die Ausführung einige Zeit in Anspruch nehmen kann:

```python
from keras.layers import Input, Embedding, Flatten, Dot, Dense
from keras.models import Model
# Erstellen des Modells
movie_input = Input(shape=[1], name="Movie-Input")
movie_embedding = Einbettung(num_movies+1, 5, name="Movie-Embedding")(movie_input)
movie_vec = Flatten(name="Flatten-Movies")(movie_embedding)
user_input = Input(shape=[1], name="User-Input")
user_embedding = Embedding(num_users+1, 5, name="User-Embedding")(user_input)
user_vec = Flatten(name="Flatten-Users")(user_embedding)
prod = Dot(name="Dot-Product", axes=1)([movie_vec, user_vec])
model = Model([user_input, movie_input], prod)
model.compile('adam', 'mean_squared_error')
```

```
# Training des Modells
model.fit([train.userId,    train.movieId],    train.rating,    epochs=10,
verbose=1)
```

Beachten Sie, dass `num_users` und `num_movies` die Gesamtzahl der eindeutigen Benutzer bzw. Filme in Ihrem Datensatz sind.

Inzwischen sollten Sie wissen, wie Sie die Leistungsfähigkeit von Collaborative Filtering und Deep Learning für den Aufbau fortgeschrittener Empfehlungssysteme nutzen können. Diese Methoden sind jedoch nur die Spitze des Eisbergs. Der Bereich der Empfehlungssysteme entwickelt sich ständig weiter, und es kommen regelmäßig neue Techniken und Methoden hinzu. Bleiben Sie also auf Entdeckungsreise und experimentieren Sie weiter.

aufbau eines data science-portfolios

die bedeutung eines portfolios für data scientists

AUF UNSERER GEMEINSAMEN Reise haben wir viel Faszinierendes erlebt, nicht wahr? Vom Verständnis der Feinheiten der Algorithmen des maschinellen Lernens bis hin zur Erkundung des Potenzials neuronaler Netze haben wir uns in die Welt der Datenwissenschaft vertieft und ihre vielen Geschmacksrichtungen genossen. Heute werden wir einen entscheidenden Aspekt erörtern, der in technischen Lehrbüchern oft unerwähnt bleibt: die Bedeutung eines Portfolios für Datenwissenschaftler.

In unserer hypervernetzten Welt, in der Daten im Überfluss vorhanden sind und sich viele Möglichkeiten bieten, ist es entscheidend, sich von der Masse abzuheben. Das gilt auch für den Bereich der Datenwissenschaft. Sie haben vielleicht ein tiefgreifendes Verständnis von Theorien und Ihre Programmierkenntnisse sind vielleicht erstklassig, aber wie können Sie dies potenziellen Arbeitgebern oder Mitarbeitern präsentieren? An dieser Stelle kommt ein Portfolio ins Spiel. Betrachten Sie es als Ihr persönliches Schaufenster, eine greifbare Demonstration Ihrer Fähigkeiten und Kompetenzen und dessen, was Sie auf den Tisch bringen können.

Jetzt fragen Sie sich vielleicht, was ein Data-Science-Portfolio enthalten sollte? Im Wesentlichen sollte es eine Darstellung Ihrer Person als Fachmann sein. Es sollte Ihre abgeschlossenen Projekte enthalten und die Probleme, die Sie angegangen sind, die Datensätze, die Sie bearbeitet haben, und die Erkenntnisse, die Sie gewonnen haben, hervorheben. Ganz gleich, ob es sich um ein von Grund auf neu entwickeltes Modell für maschinelles Lernen, ein exploratives Datenanalyseprojekt oder eine von Ihnen erstellte End-to-End-Datenpipeline handelt, jedes Stück ist ein Zeugnis Ihrer Fähigkeiten.

Denken Sie daran, dass es bei Ihrem Portfolio nicht nur um das Endprodukt geht, sondern auch um den Weg dorthin. Dokumentieren Sie Ihren Denkprozess, die Schritte, die Sie unternommen haben, die Methoden, die Sie verwendet haben, die Herausforderungen, mit denen Sie konfrontiert waren, und wie Sie diese gemeistert haben. Dadurch erhalten die Betrachter einen Einblick in Ihre Herangehensweise an Probleme und gewinnen Vertrauen in Ihre Problemlösungskompetenz.

Gehen wir näher darauf ein, was ein überzeugendes Data-Science-Portfolio ausmacht.

In erster Linie ist die Vielfalt entscheidend. Ein Portfolio, das ein breites Spektrum an Fähigkeiten - Datenbereinigung, Visualisierung, statistische Analyse, maschinelles Lernen - zeigt, wird Sie eher beeindrucken. Dies zeigt Ihrem potenziellen Arbeitgeber, dass Sie viele Aufgaben übernehmen können und kein Eintagsfliege sind.

Zweitens: Scheuen Sie sich nicht, Ihre Programmierkenntnisse zu zeigen. Die Bereitstellung von gut dokumentiertem Code auf Plattformen wie GitHub zeigt nicht nur Ihr technisches Können, sondern auch Ihre Fähigkeit, in einer kollaborativen Umgebung zu arbeiten - eine wesentliche Eigenschaft für moderne Data-Science-Teams.

Ein dritter wichtiger Aspekt ist das Geschichtenerzählen. Bei der Datenwissenschaft geht es nicht nur um die Berechnung von Zahlen, sondern darum, mit den Daten eine Geschichte zu erzählen. Projekte, die das Problem, die Herangehensweise und die Lösung auf ansprechende und zugängliche Weise klar formulieren, heben sich daher von anderen ab.

Schließlich beinhaltet ein großer Teil der datenwissenschaftlichen Arbeit Fachwissen. Projekte, die zeigen, dass Sie in der Lage sind, Fachwissen zu verstehen, zu interpretieren und anzuwenden - sei es im

Gesundheitswesen, im Finanzwesen, im Marketing oder in einem anderen Bereich - werden Ihre Vielseitigkeit unterstreichen.

Jetzt, da Sie besser wissen, was ein starkes Portfolio ausmacht, lassen Sie uns darüber sprechen, wie Sie ein solches aufbauen können. Wenn Sie gerade erst anfangen, wählen Sie einige Datensätze aus, die Sie interessant finden, und beginnen Sie mit der Erkundung. Websites wie Kaggle, UCI Machine Learning Repository und Googles Dataset Search sind hervorragende Ausgangspunkte. Wenn Sie sich mit der Materie vertraut gemacht haben, können Sie zu komplexeren Projekten übergehen, z. B. zur Vorhersagemodellierung oder zur Erstellung von Algorithmen für maschinelles Lernen.

Denken Sie daran, dass Ihr Portfolio ein lebendiges Dokument ist. Es sollte wachsen und sich weiterentwickeln, so wie Sie beruflich vorankommen. Aktualisieren Sie es ständig mit neuen Projekten, Erkenntnissen und Fähigkeiten. Vergessen Sie auch nicht, Feedback-Schleifen in Ihr Portfolio einzubauen. Bieten Sie Menschen die Möglichkeit, mit Ihnen in Kontakt zu treten, sei es per E-Mail, LinkedIn oder GitHub.

Der Aufbau eines soliden Data-Science-Portfolios erfordert zwar Zeit und Mühe, aber es lohnt sich. Es macht Sie nicht nur für potenzielle Arbeitgeber sichtbarer, sondern unterstützt auch Ihren Lernprozess. Mit jedem Projekt, das Sie Ihrem Portfolio hinzufügen, festigen Sie Ihr Verständnis und verfeinern Ihre Problemlösungsfähigkeiten.

projekte zur demonstration ihrer fähigkeiten

Es ist mir immer eine Freude, Sie in die Welt der Datenwissenschaft einzuführen. Stellen Sie sich vor - mit jedem Konzept, das Sie lernen, und jeder Fähigkeit, die Sie beherrschen, werden Sie zu einer noch beeindruckenderen Kraft in diesem Bereich. Und es gibt keinen besseren Weg, Ihr Fachwissen unter Beweis zu stellen, als mit einem gut ausgearbeiteten Projekt. In diesem Abschnitt werden wir eine Reihe von Projekten besprechen, die Sie durchführen können, um Ihre Fähigkeiten zu demonstrieren.

Bevor wir einsteigen, zunächst ein paar allgemeine Ratschläge: Wählen Sie Projekte, die Sie wirklich interessieren. So bleibt der Prozess nicht nur unterhaltsam, sondern weckt auch Ihre Neugier und treibt Sie dazu an, tiefer zu graben, bessere Fragen zu stellen und faszinierendere Erkenntnisse zu gewinnen.

Nun gut, kommen wir zur Sache und sprechen wir über einige mögliche Projekte, die Sie in Betracht ziehen könnten.

1. Prädiktive Modellierung: Dies ist ein ausgezeichneter Ausgangspunkt, um Ihr Verständnis für Konzepte des maschinellen Lernens zu demonstrieren. Sie könnten sich zum Beispiel dafür entscheiden, Immobilienpreise auf der Grundlage einer Reihe von Merkmalen wie Standort, Quadratmeterzahl, Anzahl der Schlafzimmer usw. vorherzusagen. Vielleicht möchten Sie auch Aktienkurse vorhersagen oder abschätzen, ob ein Kunde abwandert. Bei dieser Art von Projekt können Sie Ihre Fähigkeit unter Beweis stellen, Daten aufzubereiten, ein geeignetes Modell auszuwählen, es zu trainieren und Vorhersagen zu treffen.

2. Text Mining und natürliche Sprachverarbeitung (NLP): Möchten Sie Ihre NLP-Fähigkeiten unter Beweis stellen? Denken Sie an ein Projekt zur Stimmungsanalyse, bei dem Sie Beiträge in sozialen Medien oder Produktbewertungen analysieren, um festzustellen, ob die allgemeine Stimmung positiv, negativ oder neutral ist. Alternativ könnten Sie einen Chatbot erstellen, mit dem Sie Ihre Fähigkeit zur Verarbeitung und Generierung natürlichsprachlicher Antworten unter Beweis stellen.

3. Bildklassifizierung: Wenn Sie sich für Computer Vision interessieren, sollten Sie ein Projekt in Betracht ziehen, das die Klassifizierung von Bildern beinhaltet. Dies könnte z. B. ein Gesichtserkennungssystem oder ein Modell sein, das verschiedene Arten von Tieren oder Fahrzeugen klassifiziert. Ein solches Projekt würde Ihr Verständnis von Convolutional Neural Networks (CNNs) demonstrieren.

4. Zeitreihenanalyse: Möchten Sie die Zukunft vorhersagen? Dann könnte ein Projekt zur Zeitreihenanalyse genau das Richtige für Sie sein. Dabei könnte es sich um die Vorhersage zukünftiger Umsätze für ein Unternehmen, die Vorhersage von Wettermustern oder die Schätzung von Aktienkursen handeln. Bei einem solchen Projekt kommt es auf Ihr Verständnis von Trends, Saisonalität und Autokorrelation an.

5. Erkennung von Anomalien: Sie könnten an einem Projekt arbeiten, das betrügerische Kreditkartentransaktionen identifiziert oder ungewöhnliche Aktivitäten im Netzwerkverkehr aufzeigt. Ein solches Projekt zur Erkennung von Anomalien veranschaulicht Ihre Fähigkeit, mit

unausgewogenen Datensätzen umzugehen, und Ihr Verständnis von Algorithmen, die für diese Art von Aufgaben entwickelt wurden.

6. Empfehlungssysteme: Der Aufbau einer Empfehlungsmaschine, wie sie beispielsweise von Netflix oder Amazon verwendet wird, ist eine weitere Projektoption. Dies zeigt Ihr Verständnis von kollaborativer Filterung, inhaltsbasierter Filterung und vielleicht sogar etwas Deep Learning.

Denken Sie daran, dass es nicht nur darum geht, das Projekt abzuschließen, sondern auch darum, Ihre Arbeit wirkungsvoll zu präsentieren. Dokumentieren Sie Ihren Prozess und Ihre Ergebnisse klar und deutlich. Fügen Sie Visualisierungen hinzu, die Ihnen helfen, die Geschichte Ihrer Daten zu erzählen. Und vergessen Sie nicht, auf die Herausforderungen einzugehen, auf die Sie gestoßen sind, und wie Sie sie gemeistert haben.

wie sie ihre arbeit online präsentieren können

Willkommen zurück, zukünftige Data-Science-Gurus! Sie haben es bis hierher geschafft, und ich wette, Sie strotzen nur so vor neuem Wissen und Fähigkeiten. Jetzt ist es an der Zeit, all die harte Arbeit zu nutzen und sie der Welt zu präsentieren. In diesem Abschnitt werden wir besprechen, wie Sie Ihre Arbeit online wirkungsvoll präsentieren können.

Die Erstellung eines Portfolios und die Online-Präsentation Ihrer Arbeit ist wie die Erstellung eines optisch ansprechenden, interaktiven Lebenslaufs. Es ist Ihre Chance, Aufmerksamkeit zu erregen, einen starken Eindruck zu hinterlassen und Ihr Verständnis für datenwissenschaftliche Konzepte zu demonstrieren. Aber wie geht man dabei vor? Gehen wir der Sache auf den Grund.

1. Wählen Sie die richtigen Projekte aus: Wählen Sie zunächst ein paar Projekte aus, auf die Sie stolz sind und die Ihre Fähigkeiten am besten repräsentieren. Das können Projekte aus verschiedenen Bereichen sein, z. B. prädiktive Modellierung, Text Mining, Bildklassifizierung oder Zeitreihenanalyse. Diversifizierung ist hier der Schlüssel; sie zeigt, dass Sie anpassungsfähig sind und verschiedene Probleme angehen können.

2. Dokumentieren Sie Ihren Prozess: Stellen Sie sicher, dass Sie jeden

Schritt Ihres Projekts dokumentieren. Dazu gehören das Problem, mit dem Sie sich befasst haben, die Daten, die Sie verwendet haben, Ihre Vorgehensweise, alle Herausforderungen, auf die Sie gestoßen sind, und natürlich Ihre Ergebnisse. Es geht nicht nur um das Ergebnis; Arbeitgeber wollen sehen, wie Sie denken und wie Sie Probleme angehen.

3. Verwenden Sie visuelle Elemente: Schaubilder, Diagramme und andere visuelle Darstellungen sind nicht nur ansprechend, sondern können auch komplexe Daten viel leichter verständlich machen. Achten Sie darauf, dass Sie klare, leicht lesbare Visualisierungen einfügen, die Ihren schriftlichen Inhalt ergänzen.

4. Sauberer, kommentierter Code: Ihr Code ist ein Zeugnis Ihrer technischen Fähigkeiten. Stellen Sie sicher, dass er nicht nur funktional, sondern auch sauber und gut organisiert ist. Fügen Sie Kommentare ein, die erklären, was die einzelnen Codeblöcke tun. Das macht es für jeden (auch für Sie in der Zukunft) einfacher, Ihre Logik zu verstehen.

5. Machen Sie es interaktiv: Wenn möglich, machen Sie Ihr Portfolio interaktiv. Das könnte bedeuten, dass Sie Code einfügen, der direkt auf der Website ausgeführt werden kann, oder interaktive Grafiken mit Tools wie D3.js oder Tableau erstellen.

6. Verwenden Sie die richtige Plattform: Plattformen wie GitHub und Kaggle sind beliebte Orte für den Austausch von Data-Science-Projekten. Sie ermöglichen es Ihnen, Ihren Code freizugeben und bieten Tools für die Visualisierung. Sie könnten auch eine persönliche Website oder einen Blog einrichten, auf dem Sie Ihre Projekte sowie Artikel oder Anleitungen zu Themen, die Sie interessieren, veröffentlichen können.

7. Teilen Sie Ihre Arbeit: Sobald Ihre Arbeit online ist, scheuen Sie sich nicht, sie zu teilen. Posten Sie sie auf LinkedIn, teilen Sie sie auf Twitter oder nehmen Sie sie in Online-Communities für Datenwissenschaft auf. Sie wissen nie, wer sie sehen könnte und welche Möglichkeiten sich daraus ergeben könnten.

Denken Sie daran, dass das Ziel der Online-Präsentation Ihrer Arbeit darin besteht, eine Geschichte darüber zu erzählen, wer Sie als Datenwissenschaftler sind. Es geht um mehr als nur die technischen Details. Es geht um Ihre Herangehensweise an die Problemlösung, Ihre Kreativität, Ihren Mut angesichts schwieriger Probleme und Ihre Fähigkeit, komplexe Ideen auf verständliche Weise zu vermitteln.

vorbereitung auf data science- interviews

typische data science interview fragen

JETZT, da Sie eine breite Palette von Data-Science-Fähigkeiten gesammelt, ein hervorragendes Portfolio aufgebaut und gelernt haben, wie Sie es der Welt präsentieren können, sind Sie zweifellos bereit, sich auf dem Arbeitsmarkt zu bewerben. Doch bevor Sie anfangen, Bewerbungen zu verschicken, sollten Sie sich auf einen wichtigen Schritt vorbereiten: das Vorstellungsgespräch. In diesem Abschnitt gehen wir einige typische Fragen für Vorstellungsgespräche in den Datenwissenschaften durch und zeigen, wie man sie am besten stellt.

Das Data-Science-Interview ist ein Test Ihrer Fähigkeiten, Ihres Wissens und Ihrer Persönlichkeit. Es dient dazu, nicht nur zu beurteilen, was Sie wissen, sondern auch, wie Sie Probleme lösen, wie Sie kommunizieren und ob Sie gut in das Team und das Unternehmen passen würden.

1. Technische Fragen

. . .

In einem datenwissenschaftlichen Vorstellungsgespräch werden Sie sicher mit technischen Fragen konfrontiert. Hier möchte der Interviewer Ihr Verständnis und Ihre Anwendung von datenwissenschaftlichen Konzepten sehen. Lassen Sie uns mit ein paar Beispielen beginnen:

- Was ist der zentrale Grenzwertsatz und warum ist er wichtig?

Bei dieser Frage geht es um Ihr Verständnis der grundlegenden Statistik. Bei der Beantwortung dieser Frage sollten Sie das Theorem, seine Annahmen und seine Auswirkungen erörtern, insbesondere seine Bedeutung für Hypothesentests und die Erstellung von Konfidenzintervallen.

- *Was sind die Unterschiede zwischen überwachtem und unüberwachtem Lernen?*

In diesem Abschnitt werden Sie beide definieren, die wichtigsten Unterschiede erörtern und Beispiele für Algorithmen und praktische Anwendungen für beide vorstellen.

- *Können Sie erklären, wie ein Random-Forest-Modell funktioniert?*

Diese Frage prüft Ihr Wissen über bestimmte Algorithmen des maschinellen Lernens. Sie müssen die grundlegenden Komponenten des Algorithmus, seine Funktionsweise sowie seine Vor- und Nachteile beschreiben.

2. Fragen zur Kodierung

Rechnen Sie damit, dass Sie während Ihres Vorstellungsgesprächs einige Programmieraufgaben bewältigen müssen. Der Gesprächspartner möchte Ihre Programmierkenntnisse und Ihre Vertrautheit mit Algorithmen und Datenstrukturen überprüfen. Man könnte Sie etwas fragen wie:

. . .

- *Schreiben Sie eine Funktion, um die zweitgrößte Zahl in einem Array zu finden.

Hier müssen Sie zeigen, dass Sie die Sprache beherrschen und in der Lage sind, effizienten, sauberen Code zu schreiben.

3. Problemlösende Fragen

Diese Fragen bewerten Ihre analytischen Fähigkeiten und Ihre Fähigkeit, Data-Science-Methoden zur Lösung realer Probleme anzuwenden. Zum Beispiel:

- Wie würden Sie die Kundenabwanderung vorhersagen?

In dieser Frage geht es um eine schrittweise Erklärung, wie Sie dieses Problem angehen würden, einschließlich der Art der benötigten Daten, der Schritte zur explorativen Datenanalyse und der Modelle, die Sie verwenden würden.

4. Verhaltensbezogene Fragen

Schließlich sollten Sie einige Fragen zum Verhalten stellen. Damit soll beurteilt werden, wie Sie in das Team und die Unternehmenskultur passen würden. Zum Beispiel:

- *Erzählen Sie mir von einer Situation, in der Sie mit einem schwierigen Teammitglied zu tun hatten.*

Seien Sie bei solchen Fragen ehrlich, aber positiv. Besprechen Sie, wie Sie mit der Situation umgegangen sind und was Sie daraus gelernt haben.

. . .

Denken Sie daran, dass es keine "perfekten" Antworten auf diese Fragen gibt. Wichtig ist, dass Sie ein solides Verständnis der Grundlagen der Datenwissenschaft nachweisen können, dieses Verständnis zur Lösung von Problemen anwenden und Ihre Gedankengänge klar und effektiv kommunizieren.

Vorstellungsgespräche können entmutigend sein, aber denken Sie daran, dass sie auch eine Chance sind. Sie ermöglichen es Ihnen, mehr über das Unternehmen, das Team und die Art der Probleme zu erfahren, mit denen es konfrontiert ist. Gehen Sie also selbstbewusst, neugierig und mit dem Wunsch, Ihre Leidenschaft für Data Science zu teilen, ins Gespräch.

vorbereitung auf technische interviews

Sie haben große Fortschritte auf Ihrem Weg zu Data Science gemacht und sind nun bereit, sich einer der letzten Hürden zu stellen: den technischen Vorstellungsgesprächen. Diese Art von Vorstellungsgesprächen kann zunächst einschüchternd wirken, aber mit der richtigen Vorbereitung können Sie sie mit Selbstvertrauen und Gelassenheit angehen. In diesem Abschnitt gehen wir auf die Vor- und Nachteile der Vorbereitung auf technische Vorstellungsgespräche ein.

1. Wissen, was zu erwarten ist

Technische Vorstellungsgespräche sind ein gängiger Teil des Einstellungsprozesses in der Welt der Datenwissenschaft. Bei diesen Gesprächen geht es in der Regel darum, reale Probleme und Programmieraufgaben zu lösen, die Ihr Wissen über Algorithmen, Datenstrukturen und Sprachsyntax testen.

. . .

Denken Sie daran, dass der Gesprächspartner nicht nur Ihre Fähigkeit zur Lösung des Problems bewertet, sondern auch Ihren Problemlösungsprozess beobachtet. Können Sie analytisch denken? Können Sie sich anpassen, wenn Sie auf ein Hindernis stoßen? Sind Sie in der Lage, Ihren Gedankengang klar und präzise zu erläutern?

2. Bringen Sie Ihre Theorie auf den neuesten Stand

Beginnen Sie Ihre Vorbereitungen, indem Sie sich mit den wichtigsten Konzepten und Theorien der Datenwissenschaft befassen. Die Themen können von Statistik und Wahrscheinlichkeit, Algorithmen für maschinelles Lernen, Datenverarbeitung bis hin zur Datenvisualisierung reichen. Es wird zwar nicht von Ihnen erwartet, dass Sie Definitionen wortwörtlich rezitieren, aber Sie sollten in der Lage sein, diese Konzepte zu erklären und zu erörtern, wie sie in einem datenwissenschaftlichen Kontext angewendet werden.

3. Kodierung üben

In einem technischen Vorstellungsgespräch in den Datenwissenschaften werden Sie wahrscheinlich mit Codierungsaufgaben konfrontiert. Verbringen Sie jeden Tag Zeit mit dem Programmieren. Nutzen Sie Plattformen wie LeetCode, HackerRank und Kaggle zum Üben. Auf diesen Plattformen gibt es Aufgaben, die von leicht bis schwer reichen, so dass Sie Ihre Fähigkeiten schrittweise verbessern können.

Konzentrieren Sie sich auf Python oder R, da dies die gängigsten Sprachen in der Datenwissenschaft sind. Sie sollten sich auch mit SQL vertraut machen, da es in der Datenwissenschaft häufig für die Datenabfrage verwendet wird.

. . .

4. Überprüfung von Datenstrukturen und Algorithmen

Auch wenn Sie nicht unbedingt einen binären Suchbaum implementieren oder eine Quicksortierung von Grund auf durchführen müssen, ist das Verständnis gängiger Datenstrukturen und Algorithmen entscheidend. Dieses Wissen wird Ihnen helfen, effizienteren Code zu schreiben und die in technischen Interviews gestellten Probleme besser zu lösen.

5. Arbeit an Probeinterviews und Whiteboarding

Whiteboarding bedeutet, dass man Probleme auf einer Tafel (oder einem ähnlichen Medium) löst und dabei seine Gedankengänge erläutert. Das kann sich unnatürlich anfühlen, vor allem, wenn Sie es gewohnt sind, am Computer zu programmieren. Dies zu üben, kann einen großen Unterschied ausmachen.

Probeinterviews können ebenfalls sehr hilfreich sein. Tun Sie sich mit einem anderen Bewerber für Data Science zusammen und führen Sie abwechselnd ein Vorstellungsgespräch. Es gibt auch Plattformen im Internet, die Probeinterviews anbieten.

6. Das Unternehmen und die Rolle kennen

Informieren Sie sich vor Ihrem Vorstellungsgespräch über das Unternehmen und die Stelle, für die Sie sich bewerben. Wenn Sie die Produkte, die Kultur und die Werte des Unternehmens kennen, können Sie Ihre Antworten so gestalten, dass Sie zeigen, warum Sie gut zu dem Unternehmen passen.

· · ·

7. Gesund und ausgeruht bleiben

Achten Sie schließlich darauf, dass Sie sich vor Ihren Vorstellungsgesprächen um Ihre körperliche Gesundheit kümmern. Ruhen Sie sich aus, essen Sie gesund und machen Sie während der Vorbereitung Pausen. So können Sie sicherstellen, dass Sie am Tag des Vorstellungsgesprächs in Bestform sind.

Technische Vorstellungsgespräche mögen wie ein steiler Berg erscheinen, den es zu erklimmen gilt. Mit der richtigen Vorbereitung können Sie diese Herausforderung jedoch in ein Sprungbrett zu Ihrem Traumjob in der Datenwissenschaft verwandeln. Gehen Sie einen Schritt nach dem anderen und denken Sie daran: Das Ziel ist Fortschritt, nicht Perfektion.

tipps und tricks für ein erfolgreiches vorstellungsgespräch

Sie haben auf dieser Reise viel Wissen erworben, und nun ist es an der Zeit, einen Schritt weiter zu gehen und einige praktische Tipps und Tricks zu erlernen, die Ihnen helfen, in Ihren bevorstehenden Vorstellungsgesprächen zu glänzen. Schließlich sind Vorstellungsgespräche Ihre Chance, Ihren potenziellen Arbeitgebern Ihre Fähigkeiten, Ihre Erfahrung und Ihre Persönlichkeit zu präsentieren. Legen wir gleich los!

1. Kennen Sie Ihren Lebenslauf in- und auswendig

Ihr Lebenslauf ist mehr als nur ein Dokument; er ist eine Geschichte Ihres beruflichen Werdegangs. Jedes Projekt, jede Funktion und jede Qualifikation, die Sie angeben, zeugt von Ihren Fähigkeiten und Erfahrungen. Seien Sie bereit, alles, was in Ihrem Lebenslauf aufgeführt ist, im Detail zu besprechen und konkrete Beispiele für Ihre Leistungen und den Einfluss, den Sie erzielt haben, zu geben.

. . .

2. Kommunizieren Sie Ihren Gedankengang klar und deutlich

Während des technischen Teils des Gesprächs kann Ihr Gedankengang genauso wichtig sein wie die endgültige Antwort. Stellen Sie sicher, dass Sie Ihre Gedanken klar und systematisch formulieren. Zeigen Sie, wie Sie an Probleme herangehen, wie Sie mit Herausforderungen umgehen und wie Sie Lösungen wiederholen. Dies gibt Aufschluss über Ihre Problemlösungskompetenz und Ihr Potenzial als Teammitglied.

3. Ihre Projekte hervorheben

Projekte sind ein greifbarer Beweis für Ihre Fähigkeiten und Ihr Fachwissen. Wenn Sie über Ihre Projekte sprechen, gehen Sie auf das Problem ein, mit dem Sie sich befasst haben, wie Sie es angegangen sind, welche Hilfsmittel und Techniken Sie verwendet haben, mit welchen Herausforderungen Sie konfrontiert waren und wie Sie diese gemeistert haben. Vergessen Sie nicht, die Auswirkungen und Ergebnisse Ihrer Arbeit zu erwähnen.

4. Präsentieren Sie Ihr Wissen in Data Science

Bei Vorstellungsgesprächen werden Ihre fundierten Kenntnisse im Bereich der Datenwissenschaft im Mittelpunkt stehen. Seien Sie darauf vorbereitet, eine breite Palette von Themen zu erörtern, von statistischen Konzepten, Algorithmen für maschinelles Lernen und Datenstrukturen bis hin zu Kodierung, Datenbereinigung und Visualisierungstechniken. Halten Sie sich auch über die neuesten Trends und Fortschritte in diesem Bereich auf dem Laufenden!

. . .

5. Komplexe Konzepte einfach erklären

Als Datenwissenschaftler müssen Sie häufig komplexe datenwissenschaftliche Konzepte für Interessengruppen mit nichttechnischem Hintergrund erklären. Zeigen Sie diese Fähigkeit in Ihren Vorstellungsgesprächen. Wenn Sie nach einem komplexen Konzept oder einer Technik gefragt werden, versuchen Sie, es so zu erklären, dass es auch jemand ohne datenwissenschaftlichen Hintergrund verstehen kann.

6. Seien Sie neugierig und stellen Sie Fragen

Denken Sie daran, dass ein Vorstellungsgespräch ein zweiseitiges Gespräch ist. Indem Sie durchdachte Fragen stellen, zeigen Sie Ihr Interesse an der Stelle und dem Unternehmen. Sie könnten nach der Unternehmenskultur fragen, nach dem Team, mit dem Sie zusammenarbeiten werden, nach den Projekten, an denen Sie anfangs arbeiten werden, oder danach, wie das Unternehmen Data Science in seinem Betrieb einsetzt.

7. Informieren Sie sich über relevante Tools und Sprachen

Ob Python, R, SQL oder spezielle Bibliotheken und Frameworks wie Pandas, Scikit-Learn, TensorFlow oder PyTorch - stellen Sie sicher, dass Sie mit den in der Stellenbeschreibung genannten Tools vertraut sind. Üben Sie die Verwendung dieser Tools in verschiedenen Szenarien, um sich auf technische Fragen oder Codierungstests vorzubereiten.

8. Enthusiasmus zeigen

. . .

Enthusiasmus kann Sie von anderen Bewerbern abheben. Zeigen Sie Ihre Leidenschaft für Data Science und für die Stelle, auf die Sie sich bewerben. Das kann ansteckend sein und macht Sie für die Gesprächspartner unvergesslich.

9. Üben, üben, üben

Ob es um technische Fähigkeiten oder Verhaltensfragen geht, Übung ist der Schlüssel. Nutzen Sie Online-Plattformen, um das Programmieren und Problemlösen zu üben. Auch Probeinterviews können sehr nützlich sein.

10. Aus jedem Gespräch lernen

Jedes Vorstellungsgespräch, ob es nun zu einem Stellenangebot führt oder nicht, ist eine Gelegenheit zum Lernen. Holen Sie sich Feedback ein, reflektieren Sie Ihre Leistung und ermitteln Sie Bereiche, die Sie verbessern können.

Mit diesen Tipps in der Tasche sind Sie auf dem besten Weg, Ihre Vorstellungsgespräche in den Datenwissenschaften mit Bravour zu meistern. Denken Sie daran, dass Selbstvertrauen der Schlüssel ist, und das kommt davon, dass Sie gut vorbereitet sind und Ihren Wert verstehen. Gehen Sie mit der Einstellung in das Gespräch, dass Sie das Unternehmen ebenso gut verstehen müssen wie das Unternehmen Sie verstehen muss.

fortsetzung ihrer data science-reise

lebenslanges lernen in der datenwissenschaft

MIT ALL DEM WISSEN, das wir angesammelt haben, und den Strategien, die wir bisher besprochen haben, ist es an der Zeit, über etwas Entscheidendes zu sprechen, das die Grundlage für den gesamten Beruf des Datenwissenschaftlers bildet: lebenslanges Lernen.

Im Bereich der Datenwissenschaft ist die einzige Konstante der Wandel. Das Feld entwickelt sich in einem beispiellosen Tempo weiter, wobei ständig neue Tools, Techniken, Algorithmen und Paradigmen auftauchen. Ein erfolgreicher Datenwissenschaftler zeichnet sich daher nicht nur durch seine grundlegenden Fähigkeiten aus, sondern auch durch seine Fähigkeit, sich anzupassen, zu lernen und mit der Zeit zu wachsen.

1. Die sich entwickelnde Landschaft der Datenwissenschaft

Das erste, was man über lebenslanges Lernen in der Datenwissenschaft wissen sollte, ist, dass es nicht nur ein "nice-to-have" ist, sondern unerlässlich. Die Technologien, Tools und Techniken, die heute als topaktuell gelten, können in ein paar Jahren oder sogar in ein paar Monaten schon wieder veraltet sein. Von neuen Programmiersprachen und Bibliotheken bis hin zu bahnbrechenden maschinellen Lernmodellen und Big-Data-Technologien - das Feld ist ständig in Bewegung. Wenn Sie mit diesen Veränderungen Schritt halten, können Sie weiterhin hochwertige und relevante Arbeit leisten.

2. Online-Lernplattformen

Mit dem Aufkommen von Online-Lernplattformen ist es einfacher denn je, sein Wissen auf dem neuesten Stand zu halten. Plattformen wie Coursera, Udemy, edX und Khan Academy bieten Kurse zu allen Themen an, von der grundlegenden Python-Programmierung bis zum fortgeschrittenen Deep Learning. Oft werden diese Kurse von Experten führender Universitäten oder Unternehmen gehalten, die hochwertige und aktuelle Kurse anbieten.

3. Datenwissenschaftliche Blogs und Podcasts

Zusätzlich zu strukturierten Kursen können Blogs und Podcasts fantastische Ressourcen sein, um im Bereich der Datenwissenschaft auf dem Laufenden zu bleiben. Einige der besten Lernprozesse finden informell statt, und diese Ressourcen bieten oft Einblicke in reale Anwendungen, Branchentrends und Expertenmeinungen. Zu den beliebtesten gehören der Blog Towards Data Science, der Data Skeptic-Podcast und der AI Alignment-Podcast.

4. Aktives Engagement in der Data Science Community

Die Teilnahme an der Data-Science-Community kann Ihren Lernprozess erheblich beschleunigen. Dies kann die Mitarbeit an Open-Source-Projekten, die Teilnahme an Meetings oder Konferenzen oder die Teilnahme an Online-Foren wie Stack Overflow oder GitHub beinhalten. Diese Communities sind ein großartiger Ort, um von den Erfahrungen anderer zu lernen, Feedback zu Ihrer Arbeit zu erhalten und neue Ideen und Perspektiven kennenzulernen.

5. Datenwissenschaftliche Wettbewerbe

Plattformen wie Kaggle bieten Data-Science-Wettbewerbe an, die eine unterhaltsame und herausfordernde Möglichkeit sein können, Ihre Fähigkeiten zu testen und zu erweitern. Bei diesen Wettbewerben können Sie neue Probleme und Techniken kennenlernen, und das Wettbewerbsformat kann eine starke Motivation zum Lernen darstellen. Außerdem kann ein gutes Abschneiden bei diesen Wettbewerben Ihr Portfolio um einen wertvollen Nachweis erweitern.

6. Forschungsarbeiten und Fachzeitschriften

Für diejenigen, die an der Spitze des Feldes stehen, können

Forschungsarbeiten und akademische Zeitschriften eine wichtige Quelle des Lernens sein. Zeitschriften wie das Journal of Machine Learning Research und Konferenzen wie NeurIPS sind die Orte, an denen die neuesten Methoden und Entdeckungen ausgetauscht werden. Die Lektüre dieser Veröffentlichungen kann Ihnen ein Verständnis dafür vermitteln, wohin sich das Feld entwickelt.

7. Aus Misserfolgen lernen

Und schließlich, aber vielleicht am wichtigsten, ist es, aus Fehlern zu lernen. Als Datenwissenschaftler werden Sie wahrscheinlich mit vielen Herausforderungen und Rückschlägen konfrontiert werden. Diese sind nicht nur unvermeidlich, sondern auch eine wertvolle Lernmöglichkeit. Wenn Sie analysieren, was schief gelaufen ist, können Sie tiefe Einblicke gewinnen und sich für die Zukunft verbessern.

auf dem laufenden bleiben: blogs, podcasts und konferenzen

Hallo, liebe Datenenthusiasten! Wenn Sie dies lesen, haben Sie sich wahrscheinlich bereits die Einstellung des lebenslangen Lernens zu eigen gemacht, die so wichtig für unseren Beruf ist. Aber was ist das Geheimnis, um in einem so dynamischen und sich schnell entwickelnden Bereich wie der Datenwissenschaft auf dem Laufenden zu bleiben? Die Antwort ist einfach: Indem Sie in die Welt der Datenwissenschaft eintauchen und verschiedene Ressourcen wie Blogs, Podcasts und Konferenzen nutzen. Sehen wir uns also an, wie diese Ihnen dabei helfen können, in der Welt der Datenwissenschaft am Ball zu bleiben.

1. Die Macht der Blogs

Blogs sind eine wahre Fundgrube an Wissen in der Datenwissenschaft. Sie sind das Medium, in dem Fachleute, Hobbyisten und Vordenker ihre Erkenntnisse, Erfahrungen und die neuesten Trends in der Branche austauschen. Von Tutorial-Blogs, die Ihnen helfen, neue Fähigkeiten zu erlernen, bis hin zu Meinungsbeiträgen, die Ihr Denken erweitern, ist die Blogosphäre voll von wertvollen Inhalten.

Ein hervorragender Blog, den man sich merken sollte, ist "Towards Data Science". Es handelt sich um eine Medium-Publikation, die eine Mischung aus Artikeln zu verschiedenen Themen der Datenwissenschaft bietet. Von praktischen Anleitungen bis hin zu Artikeln, die die theoretischen Grundlagen des maschinellen Lernens erforschen, ist für jeden etwas dabei.

KDnuggets ist eine weitere Anlaufstelle, die für ihre Nachrichten, Tutorials und Beiträge zu einer Vielzahl von Data Science-Themen bekannt ist. Die Website führt auch regelmäßig Umfragen zu Trends in der Datenwissenschaft durch und bietet so einen faszinierenden Überblick über das Feld zu einem bestimmten Zeitpunkt.

2. Die Weisheit der Podcasts

Wenn Sie jemand sind, der Informationen besser durch Zuhören aufnimmt, sind Podcasts genau das Richtige für Sie. Sie sind eine großartige Möglichkeit, Reisen oder Ausfallzeiten in eine Lerngelegenheit zu verwandeln.

Ein herausragendes Beispiel ist der "Data Skeptic"-Podcast, der komplexe Konzepte der Datenwissenschaft aufgreift und sie auf verständliche Weise erklärt. Er bietet eine ausgewogene Mischung aus technischen Details und einem Überblick auf hohem Niveau und ist daher sowohl für Anfänger als auch für erfahrene Experten geeignet.

Dann gibt es noch den Podcast "Not So Standard Deviations". Er wird von Roger Peng und Hilary Parker moderiert und bietet einen aufschlussreichen und unterhaltsamen Blick auf die Welt der Datenwissenschaft aus der Perspektive zweier Brancheninsider.

3. Die Vernetzung auf Konferenzen

Konferenzen sind eine fantastische Möglichkeit, sich mit der Data-Science-Community auszutauschen. Sie bieten die Möglichkeit, von Branchenführern zu lernen, Ihre Ideen auszutauschen und sogar potenzielle Arbeitgeber oder Mitarbeiter zu treffen. Außerdem bieten viele Konferenzen auch praktische Workshops an, in denen Sie Ihre praktischen Fähigkeiten verbessern können.

Die Konferenz Neural Information Processing Systems (NeurIPS) ist ein Muss für alle, die sich für maschinelles Lernen und Computational Neuroscience interessieren. Hier werden die neuesten Durchbrüche diskutiert und zukünftige Trends vorhergesagt.

Im Bereich Big Data ist die Strata Data Conference ein echter Renner. Sie bringt Datenwissenschaftler, Analysten und Führungskräfte aus einer Vielzahl von Branchen zusammen, um Erkenntnisse, Herausforde-

rungen und bewährte Verfahren im Umgang mit Big Data auszutauschen.

4. Andere zu erforschende Möglichkeiten

Blogs, Podcasts und Konferenzen sind nur die Spitze des Eisbergs.
Webinare, YouTube-Kanäle, Online-Foren und Social-Media-Gruppen
bieten ebenfalls wertvolle Möglichkeiten zum Lernen und Networking.
Denken Sie daran, dass Vielfalt hier der Schlüssel ist - wenn Sie Ihr Netz
weit auswerfen, können Sie einen ganzheitlicheren Blick auf die Welt der
Datenwissenschaft gewinnen.

Bevor wir zum Schluss kommen, hier noch ein Geheimtipp: Beginnen
Sie mit einer Ressource, die Sie anspricht und die Ihrem Lernstil
entspricht. Lesen Sie lieber? Greifen Sie zu Blogs. Ist Zuhören eher Ihr
Ding? Probieren Sie Podcasts aus. Treffen Sie gerne Leute und tauschen
Sie Ideen aus? Halten Sie Ausschau nach Konferenzen. Die Ressourcen,
die Sie auswählen, sollten Ihren Enthusiasmus wecken und das Lernen
nicht zu einer lästigen Pflicht machen.

aufkommende trends in der datenwissenschaft

Die Reise in die Datenwissenschaft verlief bisher reibungslos, und nun
ist es an der Zeit, einen Blick in unsere Kristallkugel zu werfen. Lassen
Sie uns darüber diskutieren, was die Zukunft für die Datenwissenschaft
bereithält - welche neuen Trends könnten unser Feld in den kommenden
Jahren prägen?

1. AutoML: Automatisierung beim maschinellen Lernen

Der erste Punkt auf unserer Liste ist AutoML (Automated Machine
Learning). Bei diesem Konzept geht es darum, die mühsamen Teile des
maschinellen Lernens zu automatisieren, z. B. Feature-Engineering,
Modellauswahl, Abstimmung der Hyperparameter und Modellvalidie-
rung. Während die Intuition und das Fachwissen eines Datenwissenschaftlers immer von unschätzbarem Wert sein werden, kann AutoML
eine enorme Zeitersparnis bedeuten und menschliche Fehler vermeiden
helfen. Tools wie Googles Cloud AutoML und DataRobot machen
AutoML zugänglicher, und es ist ein Trend, den man im Auge behalten
sollte.

2. Erklärbare KI (XAI)

Da die Modelle des maschinellen Lernens immer komplexer werden, sind sie oft nicht mehr so leicht zu interpretieren. Sie sind "Black Boxes", bei denen unklar ist, wie genau die Eingabedaten in Ausgabevorhersagen umgewandelt werden. Hier kommt Explainable AI (XAI) ins Spiel - die Bewegung zur Entwicklung von KI-Modellen, die für Menschen verständlich und interpretierbar sind. Angesichts der wachsenden Nachfrage nach Rechenschaftspflicht und Transparenz bei KI-Entscheidungen, vor allem in sensiblen Bereichen wie dem Gesundheits- und Finanzwesen, wird XAI in Zukunft eine große Rolle bei datenwissenschaftlichen Entwicklungen spielen.

3. DataOps

DataOps ist die Anwendung von DevOps-Prinzipien auf die Datenanalyse. Es umfasst automatisierte, agile und kollaborative Techniken zur Verbesserung der Geschwindigkeit, Qualität und Nutzbarkeit von Datenanalysen. Denken Sie an kontinuierliche Integration, automatisierte Tests und schnelle Bereitstellung - nur für Daten. Durch die Verbesserung der Datenqualität und die rechtzeitige Bereitstellung der Daten für die Datenwissenschaftler kann DataOps den Data-Science-Prozess erheblich rationalisieren.

4. Edge Computing

Traditionell werden Daten von Geräten (wie IoT-Geräten) zur Verarbeitung an einen zentralen Ort (wie die Cloud) gesendet. Beim Edge Computing hingegen erfolgt die Datenverarbeitung direkt auf dem Gerät oder "am Rande" des Netzes. Dies ermöglicht schnellere Reaktionszeiten und eine geringere Belastung der Netzwerkressourcen. Da das Internet der Dinge (IoT) weiter wächst, steigt auch die Nachfrage nach Edge Computing. Datenwissenschaftler werden ihre Techniken anpassen müssen, um dieser Entwicklung Rechnung zu tragen.

5. Maschinelles Lernen unter Wahrung der Privatsphäre

Im Zeitalter der Datenschutzgrundverordnung (GDPR) und zunehmender Bedenken hinsichtlich des Datenschutzes ist der Schutz sensibler Informationen von entscheidender Bedeutung. Techniken zur Wahrung der Privatsphäre wie differentieller Datenschutz und föderiertes Lernen werden erforscht, um maschinelles Lernen mit verschlüsselten Daten zu ermöglichen. Dies bedeutet, dass Modelle auf einer Fülle sensibler Daten trainiert werden können, ohne dass auf die Rohdaten selbst zugegriffen werden muss, was einen bahnbrechenden Weg zur Gewinnung von Erkenntnissen unter Wahrung der Privatsphäre darstellt.

6. Quanteninformatik

Obwohl die Quanteninformatik noch in den Kinderschuhen steckt, birgt sie ein enormes Potenzial für die Datenwissenschaft. Quantencomputer nutzen die Prinzipien der Quantenmechanik, um Informationen auf eine Weise zu verarbeiten, die herkömmliche Computer nicht leisten können. Sie versprechen, komplexe Optimierungsprobleme zu lösen und bestimmte Arten des maschinellen Lernens viel schneller durchzuführen als bestehende Computer. Auch wenn es noch eine Weile dauern kann, bis sich das Quantencomputing durchsetzt, ist es ein Bereich, den man im Auge behalten sollte.

die zukunft der datenwissenschaft

vorhersage von trends in der datenwissenschaft

DENKEN SIE DARAN, dass es in der Datenwissenschaft nicht nur darum geht, Zahlen zu berechnen, sondern auch darum, die Vergangenheit zu verstehen und dieses Verständnis zu nutzen, um die Zukunft vorherzusagen. Das ist es, was wir hier tun: Wir setzen unsere Data-Science-Hüte auf und denken darüber nach, wie wir die Entwicklung unseres eigenen Fachgebiets vorhersehen können.

1. Der Kurve einen Schritt voraus sein

Wenn man versucht, Trends vorherzusagen, muss man zunächst einmal aufmerksam bleiben. Das bedeutet, dass Sie relevante Nachrichten, Forschungsergebnisse und Diskussionen im Auge behalten sollten. Folgen Sie führenden Forschern und Organisationen der Datenwissenschaft in den sozialen Medien. Nehmen Sie an Konferenzen und Webinaren teil. Lesen Sie, lesen Sie, und lesen Sie noch mehr. Wie das alte Sprichwort sagt: Wissen ist Macht.

2. Die Vergangenheit verstehen

Um die Zukunft vorauszusagen, müssen wir die Vergangenheit verstehen. Schauen Sie sich die Trends an, die die Datenwissenschaft bisher geprägt haben. Was waren die heißen Themen vor fünf Jahren? Wie war es vor zwei Jahren? Und vor einem Jahr? Wie haben sich diese Trends entwickelt? Wenn Sie die Entwicklung des Fachgebiets verstehen, können Sie fundierte Vorhersagen darüber treffen, wohin es sich entwickeln wird.

3. Erkennen der Einflussnehmer

Einflussnehmer sind Personen, Organisationen oder sogar Ereignisse, die einen erheblichen Einfluss auf die Gestaltung von Trends haben. Dabei kann es sich um Tech-Giganten wie Google oder Facebook, renommierte Forscher oder größere Ereignisse wie Datenschutzverletzungen oder die Einführung neuer Datenschutzgesetze handeln. Indem Sie diese Einflussfaktoren erkennen und verfolgen, können Sie ein Gefühl dafür bekommen, in welche Richtung sich der Bereich entwickeln könnte.

4. Dem Geld folgen

Verfolgen Sie die Finanzierung. Wohin fließen die Investitionsgelder? Ein signifikanter Zustrom von Finanzmitteln in einen bestimmten Bereich der Datenwissenschaft signalisiert in der Regel einen aufsteigenden Trend. Behalten Sie die Risikokapitalfinanzierung, staatliche Zuschüsse und Forschungsstipendien im Auge. Achten Sie auch darauf, wo große Technologieunternehmen ihre Ressourcen investieren.

5. Sich der größeren technischen Landschaft bewusst sein

Die Datenwissenschaft existiert nicht in einem Vakuum. Sie ist Teil eines größeren technologischen Ökosystems, und Trends in der Datenwissenschaft sind oft mit allgemeineren technologischen Trends verbunden. Entwicklungen in Bereichen wie KI, Quantencomputing, Cloud Computing und Cybersicherheit können alle große Auswirkungen auf die Datenwissenschaft haben.

6. Nutzung von Predictive Analytics Tools

Es gibt viele Tools, die bei der Vorhersage von Trends in verschiedenen Bereichen, einschließlich der Datenwissenschaft, helfen sollen. Diese Tools verwenden in der Regel Algorithmen für maschinelles Lernen, um große Datenmengen zu analysieren und Muster und Trends zu erkennen. Zu den beliebtesten Tools gehören Google Trends und Exploding Topics. Nutzen Sie diese Tools, aber nutzen Sie sie mit Bedacht. Denken Sie daran, dass es sich nur um Werkzeuge handelt, die nur so gut sind wie die Person, die sie benutzt.

Die Vorhersage von Trends ist keine exakte Wissenschaft. Es ist teils Kunst, teils Wissenschaft, und eine ganze Menge Intuition und kritisches Denken. Man muss informiert bleiben, aufmerksam sein und ständig lernen und sich anpassen. Aber das macht es doch gerade so spannend, oder?

Es ist wichtig zu wissen, dass es bei der Vorhersage von Trends nicht nur darum geht, der Zeit voraus zu sein oder mit sich selbst zu prahlen. Es geht darum, zu verstehen, wohin sich unser Fachgebiet entwickelt, damit wir fundierte Entscheidungen darüber treffen können, welche Fähigkeiten wir erlernen, welche Projekte wir in Angriff nehmen und wie wir den größten Nutzen für unsere Arbeit erzielen können. Es geht darum, proaktiv und nicht reaktiv zu sein.

Wir alle sind Teil dieses pulsierenden, sich entwickelnden Feldes, und jeder von uns hat eine Rolle bei der Gestaltung seiner Zukunft zu spielen. Im nächsten Abschnitt werden wir uns mit einem weiteren wichtigen Aspekt der Datenwissenschaft befassen: ethische Überlegungen. Denken Sie daran, dass mit großer Macht auch große Verantwortung einhergeht, und als Datenwissenschaftler üben wir eine Menge Macht aus.

potenzielle auswirkungen von data science in verschiedenen sektoren

Unsere gemeinsame Reise hat uns bereits weit in die Landschaft der Datenwissenschaft geführt, und heute werden wir einen Schritt zurücktreten, um einen Blick auf das große Ganze zu werfen. Wir werden uns mit den potenziellen Auswirkungen der Datenwissenschaft in verschiedenen Sektoren befassen. Dabei dürfen wir nicht vergessen, dass jede Branche ihre eigenen Herausforderungen und Chancen hat und dass Data Science in jeder Branche eine besondere Rolle spielen kann.

1. Gesundheitswesen: Ein Rezept für Verbesserungen

Im Gesundheitswesen kann die Datenwissenschaft einen großen Unterschied ausmachen. Von der Vorhersage des Ausbruchs von Krankheiten bis hin zur personalisierten Medizin sind die Möglichkeiten endlos. Stellen Sie sich vor, dass tragbare Geräte die Lebenszeichen in Echtzeit überwachen und es Ärzten ermöglichen, Krankheiten wie Herzkrankheiten oder Diabetes in einem frühen Stadium zu erkennen. Die Datenwissenschaft kann auch bei der Verwaltung von Gesundheitsressourcen, der Verbesserung der Patientenversorgung und sogar bei der Entwicklung neuer Medikamente eingesetzt werden.

2. Die Landwirtschaft: Eine bessere Zukunft anbauen

Es mag überraschen, aber die Landwirtschaft ist reif für datenwissenschaftliche Innovationen. Die Präzisionslandwirtschaft, bei der Daten zur Optimierung landwirtschaftlicher Praktiken genutzt werden, kann den Ertrag und die Effizienz steigern. Die Datenwissenschaft kann helfen, Wettermuster und ihre Auswirkungen auf die Pflanzen vorherzusagen, die Bodenqualität zu überwachen und den Landwirten sogar bei der Entscheidung zu helfen, wann sie pflanzen und ernten sollen. Es ist keine Übertreibung zu sagen, dass die Datenwissenschaft uns helfen könnte, den Hunger in der Welt zu bekämpfen.

3. Finanzen: Ein Reichtum an Möglichkeiten

Die Finanzbranche war schon immer datengesteuert, aber mit dem Aufkommen der Datenwissenschaft haben sich die Möglichkeiten exponentiell erweitert. Von der Vorhersage von Börsentrends bis hin zur Erkennung betrügerischer Transaktionen - die Datenwissenschaft revolutioniert die Branche. Automatisierter Handel, personalisierte Finanzberatung und verbesserte Risikobewertung sind nur einige der Anwendungen.

4. Transportwesen: Auf dem Weg zur Effizienz

Die Datenwissenschaft sorgt für erhebliche Verbesserungen in der Verkehrsbranche. Denken Sie an den Algorithmus von Uber, der Fahrer und Fahrgäste zusammenbringt, oder an die Echtzeit-Verkehrsprognosen von Waze. Eine vorausschauende Wartung kann helfen, Ausfälle zu vermeiden, und eine Routenoptimierung kann Zeit und Kraftstoff sparen. In Zukunft wird die Datenwissenschaft eine entscheidende Rolle dabei spielen, selbstfahrende Autos Wirklichkeit werden zu lassen.

5. Bildung: Lektionen in Innovation

Das Bildungswesen ist ein weiterer Bereich, in dem die Datenwissenschaft einen großen Unterschied machen kann. Lernanalysen können Lehrern helfen zu verstehen, wie Schüler lernen, und ihre Lehrmethoden entsprechend anzupassen. Sie können auch helfen, Schüler zu identifizieren, die zusätzliche Hilfe benötigen, zukünftige Leistungen vorherzusagen und sogar personalisierte Lernpfade zu entwerfen.

6. Der Einzelhandel: Eine persönliche Note

Die Einzelhandelsbranche ist ein weiterer Bereich, in dem die Datenwissenschaft glänzt. Kundensegmentierung, personalisiertes Marketing, Bestandsmanagement und Umsatzprognosen sind alles Bereiche, in denen die Datenwissenschaft einen Einfluss hat. Die Empfehlungsmaschine von Amazon, die Produkte auf der Grundlage früherer Einkäufe vorschlägt, ist ein klassisches Beispiel für Data Science in Aktion.

7. Die Regierung: Besserer Service für die Öffentlichkeit

Und nicht zuletzt kann die Datenwissenschaft die Art und Weise, wie die Verwaltung der Öffentlichkeit dient, erheblich verbessern. Eine vorausschauende Polizeiarbeit kann dazu beitragen, Verbrechen zu verhindern, und datengestützte politische Entscheidungen können zu besseren Ergebnissen führen. Die Datenwissenschaft kann auch die Transparenz verbessern und den Behörden helfen, die Bedürfnisse ihrer Wähler besser zu verstehen.

Dies sind nur einige Beispiele dafür, wie die Datenwissenschaft verschiedene Sektoren beeinflussen kann. Die Möglichkeiten sind wirklich endlos. Die Datenwissenschaft hat die Macht, unser Leben auf so viele Arten zu verbessern, und wir kratzen gerade erst an der Oberfläche. Das macht diesen Bereich so aufregend und lohnend, daran teilzuhaben.

ihre rolle als zukünftiger data scientist

Wir werden uns von den Technologien, den Methoden und den Algorithmen entfernen und uns auf etwas viel Persönlicheres konzentrieren - auf Sie. Insbesondere werden wir über Ihre zukünftige Rolle als Datenwissenschaftler sprechen. Was werden Sie tun? Wie werden Sie etwas bewirken? Lassen Sie uns eintauchen.

1. Wahrheitssucher: Die Geheimnisse der Daten enträtseln

Als Datenwissenschaftler sind Sie in erster Linie ein Wahrheitssucher. Sie werden tief in Daten eintauchen, sie nach Erkenntnissen durchsuchen und sie nutzen, um komplexe Fragen zu beantworten. Sie erstellen Modelle, die Muster aufzeigen, und nutzen diese Erkenntnisse, um Trends vorherzusagen und Strategien zu beeinflussen. Ganz gleich, ob Sie für einen Einzelhandelsriesen das Kundenverhalten erforschen oder für ein medizinisches Forschungsinstitut Gesundheitsergebnisse analysieren, Ihre Hauptaufgabe besteht darin, aus Daten Wahrheit und Weisheit zu gewinnen.

2. Problemlöser: Innovative Lösungen schaffen

In der Datenwissenschaft geht es um Problemlösungen. Sie werden mit geschäftlichen Herausforderungen konfrontiert, die kreative, datengesteuerte Lösungen erfordern. Das kann die Entwicklung eines Algorithmus zur Vorhersage der Kundenabwanderung oder die Erstellung eines maschinellen Lernmodells zur Diagnose von Krankheiten sein. Als Data Scientist haben Sie die Möglichkeit, Ihre Fähigkeiten einzusetzen, um reale Probleme zu lösen und etwas zu bewirken.

3. Geschichtenerzähler: Daten zum Leben erwecken

Ein weiterer wichtiger Aspekt Ihrer Rolle als Datenwissenschaftler ist die Rolle des Geschichtenerzählers. Es ist zwar wichtig, tief in die Daten einzutauchen und Erkenntnisse zu gewinnen, aber ebenso wichtig ist es, diese Erkenntnisse anderen effektiv zu vermitteln. Ihre Aufgabe ist es, komplexe Datenergebnisse in klare, überzeugende Erzählungen zu übersetzen, die die Entscheidungsfindung unterstützen. Sie erzählen die Geschichte der Daten auf eine Weise, die jeder verstehen kann.

4. Teamplayer: Durch Zusammenarbeit zum Erfolg

Datenwissenschaft ist kein Einzelsport. Sie arbeiten eng mit anderen Fachleuten wie Geschäftsanalysten, Ingenieuren und Entscheidungsträgern zusammen, um Datenerkenntnisse in umsetzbare Strategien zu verwandeln. Das bedeutet, dass Sie in der Lage sein müssen, zusammenzuarbeiten, effektiv zu kommunizieren und den größeren geschäftlichen Kontext zu verstehen. Teamfähigkeit ist ein entscheidender Faktor für einen erfolgreichen Data Scientist.

5. Lebenslanges Lernen: Der Kurve immer einen Schritt voraus

Schließlich müssen Sie als Datenwissenschaftler ein lebenslanger Lernender sein. Der Bereich der Datenwissenschaft ist dynamisch, und es entstehen ständig neue Technologien, Methoden und bewährte Verfahren. Sie müssen neugierig bleiben und Ihre Fähigkeiten und Ihr Wissen ständig auf den neuesten Stand bringen, um der Entwicklung immer einen Schritt voraus zu sein. Das ist eine Herausforderung, aber es ist auch eines der Dinge, die dieses Feld so spannend machen.

Nachdem wir nun die verschiedenen Rollen erkundet haben, die Sie als zukünftiger Datenwissenschaftler spielen werden, ist es wichtig, sich daran zu erinnern, dass Sie Ihren eigenen Weg gehen. Es gibt nicht den einen "richtigen" Weg zum Datenwissenschaftler. Ihr Weg wird von Ihren Interessen, Ihren Fähigkeiten und den Möglichkeiten abhängen, die sich Ihnen bieten.

Nehmen Sie sich die Zeit, darüber nachzudenken, welche Art von Datenwissenschaftler Sie sein wollen. Welche Probleme wollen Sie lösen? Welche Art von Einfluss wollen Sie haben? Denken Sie daran, dass Sie als Datenwissenschaftler das Potenzial haben, die Welt entscheidend zu verändern. Setzen Sie Ihre Kräfte weise ein!

ressourcen für weiteres lernen

online-kurse und tutorials

IN DIESEM DIGITAL VERNETZTEN Zeitalter sind die Lernmöglichkeiten nicht mehr auf physische Klassenzimmer oder dicke Lehrbücher beschränkt. Wir leben in einer Zeit, in der Lernressourcen nur einen Klick entfernt und für jeden jederzeit und überall zugänglich sind. So sind Online-Kurse und -Lehrgänge zu mächtigen Werkzeugen im Arsenal eines jeden angehenden Datenwissenschaftlers geworden. Sind Sie bereit, diese riesige Landschaft des digitalen Wissens zu erkunden? Lassen Sie uns eintauchen!

Online-Kurse

Online-Kurse bieten strukturierte, umfassende Lernpfade, die den traditionellen Unterricht im Klassenzimmer imitieren, aber mit zusätzlicher Flexibilität. Hier sind einige Plattformen und Kurse, die Ihre Aufmerksamkeit verdienen:

1. Coursera

Coursera bietet hochwertige Kurse in Zusammenarbeit mit führenden Universitäten und Institutionen an. Für Data Science sind Kurse wie "Machine Learning" von der Stanford University und "Data Science" von der Johns Hopkins University eine beliebte Wahl. Diese Kurse befassen sich eingehend mit den Themen und enthalten oft interaktive Aufgaben, um Ihr Verständnis zu festigen.

2. edX

edX ist eine weitere großartige Plattform, die Kurse auf Universitätsniveau anbietet. Sie bietet ein MicroMaster-Programm in "Statistics and Data Science" vom MIT und ein Professional Certificate in "Data Science" von der Harvard University an, die für ihre soliden Lehrpläne bekannt sind.

3. Udacity

Udacity bietet sogenannte "Nanodegrees" an - kompakte, berufsorientierte Kurse, die in Zusammenarbeit mit führenden Tech-Unternehmen entwickelt wurden. Die Nanodegrees "Data Scientist" und "Data Analyst" sind praxisnah und industrieorientiert und bieten eine Mischung aus Theorie und praktischen Projekten.

Tutorials und praktisches Lernen

Learning by doing ist wohl eine der effektivsten Methoden, um Data Science zu beherrschen. Hier sind einige Plattformen, die praktische Tutorien und Lernmöglichkeiten anbieten:

1. Kaggle

Kaggle ist eine unschätzbare Ressource für jeden angehenden Datenwissenschaftler. Es bietet eine Fülle von Datensätzen zum Erforschen und Experimentieren sowie Wettbewerbe, bei denen Sie Ihre Fähigkeiten testen können. Darüber hinaus bietet der Kaggle-Abschnitt "Lernen" Mikrokurse zu einer Reihe von datenwissenschaftlichen Themen, wie Python, maschinelles Lernen und Datenvisualisierung.

2. DataCamp

DataCamp bietet interaktive Kurse mit Schwerpunkt auf Datenwissenschaft und Analytik. Die Lernschnittstelle ist einzigartig, denn sie ermöglicht es Ihnen, direkt auf der Plattform Code zu schreiben und auszuführen. Die Kurse decken eine breite Palette von Themen ab, von der Datenmanipulation mit Pandas bis zur Erstellung von Machine-Learning-Modellen mit Scikit-Learn.

3. Projekt Euler

Für diejenigen, die eine gute Herausforderung lieben, bietet das Projekt Euler eine Reihe von Rechenaufgaben, die mit Computerprogrammen gelöst werden sollen. Mit diesen Aufgaben können Sie auf unterhaltsame Weise Ihre Problemlösungs- und Programmierfähigkeiten verbessern.

Die Welt des Online-Lernens ist unglaublich groß und bietet etwas für jeden Lernstil und jedes Fähigkeitsniveau. Ganz gleich, ob Sie die Struktur von Online-Kursen oder die Praxisnähe von Tutorials bevorzugen, es gibt eine Fülle von Wissen, das auf Sie wartet. Beginnen Sie zu erforschen, zu experimentieren und Ihre Fähigkeiten zu erweitern. Es gibt keine Grenzen, was Sie lernen können!

datenwissenschaftliche gemeinschaften und foren

Sie haben es bis hierher geschafft: Sie haben Konzepte gemeistert, an Projekten gearbeitet, aus Büchern und Online-Kursen gelernt, aber jetzt steht uns ein entscheidendes Puzzleteil bevor: das menschliche Element. Willkommen in der aufregenden Welt der Data Science Communities und Foren!

In der Datenwissenschaft sind Sie, wie in anderen Disziplinen auch, nicht allein. Sie sind Teil einer dynamischen, unterstützenden Gemeinschaft von Lernenden, Fachleuten und Vordenkern, die sich alle für Daten begeistern. Wenn Sie sich in dieser Gemeinschaft engagieren, können Sie nicht nur besser lernen, sondern es eröffnen sich auch Möglichkeiten zur Zusammenarbeit, zum Networking und zur Betreuung durch Mentoren. Sehen wir uns einige dieser Gemeinschaften und Foren an, denen Sie angehören können.

1. Stapelüberlauf

Wenn Sie jemals online nach einem Programmierproblem gesucht haben, sind Sie wahrscheinlich schon auf Stack Overflow gestoßen. Bei dieser Plattform handelt es sich um ein riesiges Q&A-Forum, in dem Benutzer Fragen stellen, Antworten geben und sich an Diskussionen zu einer Vielzahl von Programmierthemen beteiligen können. Es ist nicht ungewöhnlich, Threads mit tiefen Einblicken und nuancierten Erklärungen zu finden, es lohnt sich also auf jeden Fall, dort vorbeizuschauen.

2. Kaggle

Wir haben Kaggle bereits im Zusammenhang mit seinen Datensätzen und Wettbewerben erwähnt, aber es ist erwähnenswert, dass es auch eine lebendige Community ist. Die Kaggle-Foren sind vollgepackt mit Diskussionen über verschiedene Wettbewerbe, Datensätze und allgemeine Themen der Datenwissenschaft. Es gibt auch eine Funktion namens Kaggle Kernels (jetzt Kaggle Code genannt), in der Nutzer ihren Code und ihre Analysen teilen können, was es zu einem großartigen Ort macht, um von der Arbeit anderer zu lernen.

3. GitHub

GitHub ist kein Forum im herkömmlichen Sinne, aber es ist eine wichtige Community-Plattform für Datenwissenschaftler. Sie können Repositories zum Thema Datenwissenschaft verfolgen, zu Open-Source-Projekten beitragen oder sogar eigene Projekte erstellen, an denen andere mitarbeiten können. GitHub ist ein hervorragender Ort, um von Projekten aus der Praxis zu lernen und einen Beitrag zu diesem Bereich zu leisten.

4. Reddit

Reddit beherbergt eine Reihe von Communities (bekannt als Subreddits), die sich den Datenwissenschaften widmen. Subreddits wie r/datascience, r/machinelearning und r/learnpython haben aktive Mitglieder, die Branchentrends diskutieren, Ressourcen austauschen und Antworten auf technische Fragen geben. Die informelle Umgebung von Reddit ermutigt zu spontanen Diskussionen und Ideenfindung.

5. LinkedIn und Twitter

Unterschätzen Sie die Macht der beruflichen und sozialen Netzwerke nicht! Wenn Sie Datenwissenschaftlern und Organisationen auf LinkedIn und Twitter folgen, können Sie sich über die neuesten Nachrichten, Artikel und Diskussionen in diesem Bereich auf dem Laufenden halten. Sie können sich an diesen Diskussionen beteiligen, Ihre eigenen Gedanken teilen und dabei ein Netzwerk aufbauen.

6. Meetup

Meetup.com kann Dir helfen, lokale oder virtuelle Treffen zum Thema Datenwissenschaft zu finden. Diese Treffen können von lockeren Diskussionsgruppen bis hin zu Workshops und Präsentationen reichen. Sie sind eine fantastische Möglichkeit, neue Dinge zu lernen, Gleichgesinnte zu treffen und manchmal sogar Mentoren oder Jobangebote zu finden.

7. Data Science Central

Data Science Central ist eine Nischen-Online-Community mit Schwerpunkt auf Big Data und Analytik. Sie veranstalten regelmäßig

Webinare und bieten ein Forum für Blogs und Diskussionen, was sie zu einer hervorragenden Ressource für das Lernen und Networking macht.

Die Teilnahme an diesen Gemeinschaften und Foren kann Ihre Reise in die Datenwissenschaft interessanter, angenehmer und fruchtbarer machen. Das Wissen, das Sie in Büchern und Kursen erwerben, wird durch Diskussionen, Problemlösungen und den Austausch auf diesen Plattformen bereichert.

18 /
übungen

miniprojekt 1: datenbereinigung mit python

AUFFORDERUNG:

Suchen Sie einen öffentlich zugänglichen Datensatz (z. B. von Kaggle oder UCI Machine Learning Repository) und führen Sie die folgenden Aufgaben aus:

- Laden der Daten mit Pandas
- Identifizierung fehlender Daten und deren angemessene Behandlung
- Ausreißer erkennen und behandeln
- Durchführung grundlegender explorativer Datenanalysen (z. B. mit Pandas-Profiling)

Lösung:

Die Lösung hängt stark vom gewählten Datensatz und den genauen Aktionen ab, die für diesen Datensatz benötigt werden, aber hier ist ein allgemeiner Ansatz in Python mit Pandas:

. . .

William Webb

```python
import pandas as pd


# Daten laden
df = pd.read_csv('ihr_datensatz.csv')


# Identifizierung fehlender Daten
fehlend = df.isnull().sum()


# Umgang mit fehlenden Daten (entfernen oder mit Mittelwert, Median
oder Modus auffüllen)
df = df.fillna(df.mean())


# Ausreißer erkennen (hier unter Verwendung der Z-Score-Methode)
from scipy.stats import zscore
z_scores = zscore(df)
abs_z_scores = abs(z_scores)
gefilterte_Einträge = (abs_z_scores < 3).all(axis=1)
df = df[gefilterte_Einträge]


# Basic EDA
pandas_profiling importieren
profile = pandas_profiling.ProfileReport(df)
profile.to_file("output.html")
```

miniprojekt 2: aktienkursvorhersage

Aufforderung:

Erstellen Sie anhand eines historischen Aktienkursdatensatzes ein einfaches Prognosemodell mit linearer Regression, um zukünftige Aktienkurse vorherzusagen. Sie können Python mit Bibliotheken wie pandas für die Datenmanipulation und sklearn für die Erstellung des Vorhersagemodells verwenden.

Lösung:

Im Folgenden finden Sie einen einfachen Codeausschnitt mit Python. Denken Sie daran, dass es sich hier um einen sehr einfachen Prädiktor handelt und die tatsächliche Vorhersage von Aktienkursen eine komplexe Aufgabe ist, die viele weitere Faktoren umfasst.

```python
import pandas as pd
from sklearn.model_selection import train_test_split
from sklearn.linear_model import LinearRegression
from sklearn import metrics


# Laden des Datensatzes
df = pd.read_csv('aktien_kurse.csv')


# Wählen Sie "Datum" als unabhängige Variable und "Abschluss" als
abhängige Variable.
X = df['date'].values.reshape(-1,1)
y = df['close'].values.reshape(-1,1)


# Aufteilung der Daten in Trainings- und Testsätze
X_train, X_test, y_train, y_test = train_test_split(X, y, test_size=0.2,
random_state=0)


# Erstellen Sie das Modell und trainieren Sie es.
regressor = LinearRegression()
```

```
    regressor.fit(X_train, y_train)


# Verwenden Sie das Modell, um Vorhersagen zu treffen.
    y_pred = regressor.predict(X_test)
    ```
```

Hinweis: Sie müssen das Merkmal "Datum" von einer Zeichenkette in eine numerische Darstellung umwandeln und Ihre Daten vor diesem Schritt möglicherweise umgestalten. Außerdem ist die tatsächliche Aktienvorhersage viel komplexer als diese und berücksichtigt mehrere andere Merkmale.

Dies sind grundlegende Projektlösungen. Angesichts der Komplexität und der unterschiedlichen Natur von Data-Science-Projekten kann die tatsächliche Umsetzung je nach spezifischem Problem, Datensatz und gewählter Methodik stark variieren.

## miniprojekt 3: stimmungsanalyse

Aufforderung:

Sammeln Sie Tweets über ein aktuelles Thema und führen Sie eine Stimmungsanalyse durch. Sie können die Python-Bibliothek tweepy zum Sammeln von Tweets und TextBlob zur Durchführung der Stimmungsanalyse verwenden.

Lösung:

Der detaillierte Code hängt von den jeweiligen Gegebenheiten ab, aber ein Grundgerüst könnte etwa so aussehen:

```python
    importieren tweepy
```
```

```python
from textblob import TextBlob

# Authentifizierungsschlüssel (ersetzen Sie diese durch Ihre eigenen)
    consumer_key = 'IHR-CONSUMER-KEY'
    verbraucher_geheimnis = 'IHR-CONSUMER-SECRET'
    access_token = 'IHR-ZUGANGS-TOKEN'
    access_token_secret = 'IHR-ZUGANGS-TOKEN-SECRET'


auth = tweepy.OAuthHandler(consumer_key, consumer_secret)
    auth.set_access_token(access_token, access_token_secret)
    api = tweepy.API(auth)


public_tweets = api.search('Your Trending Topic')


for tweet in public_tweets:
    print(tweet.text)
    Analyse = TextBlob(tweet.text)
    print(analyse.stimmung)
```

In diesem einfachen Skript gibt die Sentiment-Eigenschaft ein Name-duple der Form Sentiment(polarity, subjectivity) zurück. Der Wert für die Polarität ist eine Fließkommazahl im Bereich [-1.0, 1.0]. Die Subjektivität ist eine Fließkommazahl im Bereich [0.0, 1.0], wobei 0.0 sehr objektiv und 1.0 sehr subjektiv ist.

miniprojekt 4: kundensegmentierung

Aufforderung:

Verwenden Sie einen Datensatz mit Kundendaten für ein hypothetisches Unternehmen und führen Sie eine Kundensegmentierung mithilfe von Clustering (z. B. KMeans) durch. Zu Ihren Merkmalen könnten

Kaufhäufigkeit, durchschnittliche Ausgaben und Zeit seit dem letzten Kauf gehören.

Lösung:

Hier sehen Sie ein Gerüst, wie Ihr Python-Code aussehen könnte:

```python
from sklearn.cluster import KMeans
import pandas as pd


# Laden der Daten
Daten = pd.read_csv('kunden.csv')


# Wählen Sie nur die relevanten Merkmale aus.
data = data[['frequency', 'money_spent', 'time_since_last_purchase']]


# ein kmeans-Objekt erstellen
kmeans = KMeans(n_clusters=3)


# Anpassung der Daten
kmeans.fit(Daten)


# Ermittlung der Clusterzuordnungen für jeden Datenpunkt
Beschriftungen = kmeans.labels_
```

Denken Sie daran, Ihre Daten zu normalisieren oder zu standardisieren, bevor Sie sie in den KMeans-Algorithmus eingeben, da dieser empfindlich auf die Skalierung der Daten reagiert.

• • •

Die oben genannten Projekte sind ein Ausgangspunkt und können je nach individuellen Anforderungen, Datensätzen und Projektzielen weiter ausgebaut werden. Bei den bereitgestellten Lösungen handelt es sich um grundlegende Python-Code-Schnipsel, die die Kernaufgabe zeigen und weiter für Fehlerbehandlung, Datenvorverarbeitung, Visualisierung und mehr erweitert werden können.

miniprojekt 5: vorhersage von wohnungspreisen

Aufforderung:

Erstellen Sie anhand eines Datensatzes wie dem Boston Housing Dataset (auf den Sie über die sklearn-Bibliothek zugreifen können) ein Modell zur Vorhersage von Wohnungspreisen auf der Grundlage verschiedener Merkmale. Sie können lineare Regression, Entscheidungs-bäume oder jeden anderen Algorithmus Ihrer Wahl verwenden.

Lösung:

Ein Grundgerüst von Python-Code für dieses Projekt könnte wie folgt aussehen:

```python
from sklearn.datasets import load_boston
from sklearn.model_selection import train_test_split
from sklearn.linear_model import LinearRegression


# Laden des Datensatzes
boston = load_boston()


# Aufteilung des Datensatzes
X_train, X_test, y_train, y_test = train_test_split(boston.data, boston.-
target, test_size=0.2, random_state=42)
```

. . .

William Webb

```
# Erstellen und Trainieren des Modells
    lr = LinearRegression()
    lr.fit(X_train, y_train)


# Testen Sie das Modell
    Vorhersagen = lr.predict(X_test)
```

Es handelt sich um eine einfache Implementierung, die keine Schritte zur Datenexploration, Merkmalsauswahl oder Modellevaluierung enthält, die normalerweise zu einem Data-Science-Projekt gehören.

miniprojekt 6: nachrichtenklassifizierung

Aufforderung:

Verwenden Sie einen Nachrichtendatensatz wie den 20 Newsgroups-Datensatz (verfügbar in sklearn), um ein Modell zur Klassifizierung von Nachrichten in verschiedene Themen zu erstellen.

Lösung:

Hier ist eine vereinfachte Version des Python-Codes für dieses Projekt:

```python
from sklearn.datasets import fetch_20newsgroups
from sklearn.feature_extraction.text import TfidfVectorizer
from sklearn.naive_bayes import MultinomialNB
from sklearn.pipeline import make_pipeline


# Laden des Datensatzes
    Daten = fetch_20newsgroups()
```

. . .

```
# Aufteilung des Datensatzes
    train_data = data.data[:10000]
    train_targets = data.target[:10000]
    test_data = data.data[10000:]
    test_targets = data.target[10000:]
```

```
# Erstellen Sie eine Pipeline: TF-IDF-Vektorisierer und multinomialer
Naive-Bayes-Klassifikator
    model = make_pipeline(TfidfVectorizer(), MultinomialNB())
```

```
# Das Modell trainieren
    model.fit(train_data, train_targets)
```

```
# Neue Daten vorhersagen
    vorhergesagte_Kategorien = model.predict(test_data)
    ```
```

Denken Sie daran, dass es sich hierbei um vereinfachte Projekte handelt, so dass Sie diese Ideen weiter ausbauen und alle notwendigen Schritte wie Datenbereinigung, Exploration, Feature Engineering, Modellevaluierung usw. in ein reales Projekt einbeziehen sollten. Denken Sie auch daran, Ausnahmen und Sonderfälle zu behandeln.

## miniprojekt 7: stimmungsanalyse in sozialen medien

Aufforderung:

Durchführung einer Stimmungsanalyse für eine Reihe von Tweets über ein aktuelles Thema. Die Herausforderung besteht hier darin, Tweets zu einem bestimmten Thema zu extrahieren und dann die Stimmung des Tweets zu kategorisieren. Sie können Twitter-APIs und eine Stimmungsanalyse-Bibliothek wie TextBlob verwenden.

· · ·
```

Lösung:

Ein vorläufiger Python-Code für dieses Projekt:

```python
importieren tweepy
from textblob import TextBlob


# Details zur Authentifizierung. Um diese zu erhalten, besuchen Sie Ihr
Twitter-Entwicklerkonto
consumer_key = 'CONSUMER_KEY_HERE'
verbraucher_geheimnis = 'verbraucher_geheimnis_hier'
access_token = 'ACCESS_TOKEN_HERE'
access_token_secret = 'ACCESS_TOKEN_SECRET_HERE'


# Erstellen Sie das API-Objekt.
auth = tweepy.OAuthHandler(consumer_key, consumer_secret)
auth.set_access_token(access_token, access_token_secret)
api = tweepy.API(auth)


# Tweets sammeln
public_tweets = api.search('Your Trending Topic')


# Stimmungsanalyse durchführen
for tweet in public_tweets:
Analyse = TextBlob(tweet.text)
print(analyse.stimmung)
```

miniprojekt 8: bildklassifikation

Aufforderung:

Entwickeln Sie ein Bildklassifizierungssystem unter Verwendung eines Convolutional Neural Network (CNN). Sie können den CIFAR-10-Datensatz verwenden, der aus 60.000 32x32-Farbbildern in 10 Klassen besteht.

Lösung:

Hier ist ein einfacher Python-Code für dieses Projekt mit Keras:

```python
from keras.datasets import cifar10
from keras.models import Sequential
from keras.layers import Dense, Flatten
from keras.layers.convolutional import Conv2D


# Datensatz laden
(train_images, train_labels), (test_images, test_labels) = cifar10.load_data()


# Pixelwerte normalisieren
train_images, test_images = train_images / 255.0, test_images / 255.0


# das Modell definieren
model = Sequential()
model.add(Conv2D(32, (3, 3), activation='relu', input_shape=(32, 32, 3)))
model.add(Abflachen())
model.add(Dense(64, activation='relu'))
model.add(Dense(10))
```

William Webb

. . .

```
# Kompilieren Sie das Modell
    model.compile(optimizer='adam',    loss=tf.keras.losses.SparseCatego-
ricalCrossentropy(from_logits=True), metrics=['accuracy'])


# das Modell trainieren
    model.fit(train_images, train_labels, epochs=10)


# das Modell auswerten
    test_loss, test_acc = model.evaluate(test_images, test_labels, verbose=2)
```

Bitte ersetzen Sie "CONSUMER_KEY_HERE", "CONSUMER_SECRET_HERE", "ACCESS_TOKEN_HERE" und "ACCESS_TOKEN_SECRET_HERE" durch Ihre tatsächlichen Twitter API-Anmeldedaten.

Denken Sie daran, mit Ausnahmen und Randfällen umzugehen und alle notwendigen Schritte wie Datenbereinigung, Exploration, Feature-Engineering, Modellbewertung usw. in einem realen Projekt durchzuführen.

miniprojekt 9: gesichtserkennung in echtzeit

Aufforderung:

Erstellen Sie ein Echtzeit-Gesichtserkennungssystem mit OpenCV und Dlib-Bibliotheken. Ihre Anwendung sollte in der Lage sein, Gesichter aus Ihrem Webcam-Feed in Echtzeit zu erkennen.

Lösung:

Hier ist ein einfacher Python-Code für dieses Projekt:

```python
cv2 importieren
dlib importieren
von skimage importieren io


# Initialisierung des Gesichtsdetektors von dlib
detektor = dlib.get_frontal_face_detector()


# Initialisierungsfunktion zur Erstellung eines Begrenzungsrahmens um
die erkannten Flächen
def draw_rectangle(image, bounds):
x, y, w, h = Grenzen
cv2.rectangle(image, (x, y), (x + w, y + h), (0, 255, 0), 2)


# Beginn der Aufnahme der WebCam
video_capture = cv2.VideoCapture(0)


while True:
ret, frame = video_capture.read()
grau = cv2.cvtColor(frame, cv2.COLOR_BGR2GRAY)


# Gesichter im Graustufenbild erkennen
Gesichter = Detektor(grau)


# Zeichnen Sie ein Rechteck um die Flächen.
für rect in faces:
```

```
    draw_rectangle(frame,      (rect.left(),      rect.top(),      rect.width(),
rect.height()))


# Anzeige des resultierenden Bildes
    cv2.imshow('Video', Bild)


# Die Schleife wird unterbrochen, wenn die Taste 'q' gedrückt wird.
    wenn cv2.waitKey(1) & 0xFF == ord('q'):
    Pause


video_capture.release()
    cv2.destroyAllWindows()
    ```
```

# miniprojekt 10: text-to-speech (tts) anwendung

Aufforderung:

Erstellen Sie eine Text-to-Speech-Anwendung, bei der Sie einen Satz eingeben und das System mit Hilfe von Google Text-to-Speech (gTTS) eine Audiodatei mit dieser Sprache erzeugt.

Lösung:

Hier ist ein Python-Code für dieses Projekt:

```python
von gtts import gTTS
importieren os


# Definieren Sie Ihren Text.
my_text = "Hallo, willkommen in der Welt der Datenwissenschaft!"
```
```

. . .

```
# Sprache, in die konvertiert werden soll
    Sprache = 'de'


# gTTS-Objekt erstellen
    my_obj = gTTS(text=my_text, lang=language, slow=False)


# Speichern Sie die Sprachaufnahme in einer Datei.
    my_obj.save("welcome.mp3")


# Abspielen der Audiodatei
    os.system("willkommen.mp3")
    ```
```

Bitte denken Sie daran, dass es bei jedem realen Projekt wichtig ist, Leistung, Fehlerbehandlung und Codeorganisation zu berücksichtigen. Diese Beispiele vermitteln ein grundlegendes Verständnis für den Prozess. Je nach der Komplexität Ihres Projekts müssen Sie möglicherweise weitere Schritte hinzufügen.
```